中等职业教育“十二五”规划教材
中职中专公共通识课规划教材系列

就业指导

（第3版）

主　编　罗云明

電子工業出版社
Publishing House of Electronics Industry
北京 · BEIJING

内 容 简 介

“就业指导”是中等职业学校教育中最富有职业教育特色的一门必修课程。本书突出中等职业教育的特点，充分考虑了培养应用型人才需要的知识和学生的接受能力，在理论上以实用够用为度，在内容的编写上以实践为主。坚持方向性与现实性相结合的原则，突出了理论学习和能力的培养，理论体系完整，内容丰富；书中搜集了大量的新鲜真实案例，力求做到与时俱进，体现时代性；编写各章节内容贴近现实、贴近学生，具有较强的实用性和可行性。

图书在版编目（CIP）数据

就业指导 / 罗云明主编. —3 版. —北京：电子工业出版社，2016.1
ISBN 978-7-121-26783-3

Ⅰ. ①就… Ⅱ. ①罗… Ⅲ. ①职业选择－中等专业学校－教材 Ⅳ. ①G717.38

中国版本图书馆 CIP 数据核字（2015）第 171889 号

策划编辑：祁玉芹
责任编辑：鄂卫华
印　　刷：中国电影出版社印刷厂
装　　订：中国电影出版社印刷厂
出版发行：电子工业出版社出版
北京市海淀区万寿路 173 信箱　邮编：100036
开　　本：787×1092　1/16　印张：6.5　字数：158 千字
版　　次：2007 年 8 月第 1 版
2016 年 1 月第 3 版
印　　次：2016 年 1 月第 1 次印刷
定　　价：22.00 元

编　委　会

主　　编：罗云明

副 主 编：韦美鲜　李勇伟　徐永宾　韦伟松

参编人员：蒙友英　刘善富　梁少玲　郑超文

马莲芝　凌美娥

前言

21 世纪，这是一个催人奋进的世纪，这是科学技术飞速发展、知识更替日新月异的时代。希望、困惑、机遇、挑战，随时随地都有可能出现在每一个社会成员的生活之中。随着经济体制改革的深化，社会对人才的需求及其配置方式发生了重大变化，人才的就业方式、就业渠道也发生了翻天覆地的变化。怎样选择适合自己的职业，在职业中实现个人的理想和抱负，如何设计自己的职业发展道路，使自己在激烈的竞争时代立于不败之地，是摆在每个中职生面前紧迫而又现实的问题。

“就业指导”是中等职业学校教育中最富有职业教育特色的一门必修课程。本书突出中等职业教育的特点，充分考虑了培养应用型人才需要的知识和学生的接受能力，在理论上以实用够用为度，在内容的编写上以实践为主。坚持方向性与现实性相结合的原则，突出了理论学习和能力的培养，理论体系完整，内容丰富；书中搜集了大量的新鲜真实案例，力求做到与时俱进，体现时代性；编写各章节内容贴近现实、贴近学生，具有较强的实用性和可行性。

本书编写大纲由广西经贸高级技工学校校长罗云明提出，并负责全书统稿。教材的作者长期工作在职业学校，都是从事就业研究的一线教师，他们汇集了自己长期从事职业学校毕业生就业指导工作的教育教学经验，潜心研究，注重实际，完成了这本《就业指导（第 3 版)》教材的编写。全书共分为五章。第一章由蒙友英编写，第二章由韦美鲜、刘善富编写，第三章由罗云明、徐永宾编写，第四章由梁少玲编写，第五章由李勇伟编写。全书由韦伟松、郑超文、马莲芝、凌美娥审核。

在本书编写和出版的过程中，我们得到了来自各方的大力支持与鼓励。在编写的过程中，我们还参考了许多作者的著作与文章。在此，一并表示衷心的感谢！由于时间仓促加之编者水平有限，尽管我们作了努力，本书难免存在疏漏之处，恳请专家和读者批评指正，提出宝贵意见，以便于修订再版，使之不断完善。

作　者

2015 年 7 月

CONTENT

目 录

第一章　毕业选择与就业形势

俗话说“人生关键的只有几步”。随着国家职业教育改革的深入，社会经济的发展，中职学生毕业后的发展前景更为广阔，可供选择的发展途径更多。中职学生只有通过系统的学习，做好毕业前的准备，当面临毕业的选择时，才能做到有的放矢，充满自信地做出无悔的选择。

第一节　中职学生毕业发展的途径

一、我国职业教育发展状况

2005 年，国家教育部做出了中等职业教育扩招的决定。经过 10 年的规模扩大，资源投入，资助扶持，就业准入，我国职业教育事业快速发展，培养培训了大批中高级技能型人才。但是，当前职业教育还不能完全适应经济社会发展的需要，结构不尽合理。解决问题的突破口是建立现代职业教育体系，推进中等和高等职业教育紧密衔接，发挥中等职业教育在发展现代职业教育中的基础性作用，发挥高等职业教育在优化高等教育结构中的重要作用。加强职业教育与普通教育沟通，为学生多样化选择、多路径成才搭建“立交桥”。到 2020 年，形成适应发展需求、产教深度融合、中职高职衔接、职业教育与普通教育相互沟通，体现终身教育理念，具有中国特色、世界水平的现代职业教育体系。

2014 年，国家教育部的教育改革方向已明确：国家普通高等院校 1000 所学校中，将有 600 多所转向职业教育，转型的大学本科院校正好占高校总数的 50%。今后，中国将以建设职业教育体系为突破口，对教育结构实施战略性调整。这个调整，将总体保持中等职业学校和普通高中招生规模大体相当，高等职业教育规模占高等教育的一半以上，总体教育结构更加合理。到 2020 年，中等职业教育在校生达到 2350 万人，专科层次职业教育在校生达到 1480 万人，接受本科层次职业教育的学生达到一定规模。从业人员继续教育达到 3.5 亿人次。高等教育将由“精英教育”向“大众教育”转变。

二、升学途径

国家教育结构的调整，为中职学生毕业提供了更宽广的发展空间。“文化素质+职业技能”、单独招生、综合评价招生和技能拔尖人才免试等考试招生办法，为学生接受不同层次高等职业教育提供多种机会。

中职类毕业生升学主要有三大途径：

（一）五年制高职

一种是中职学生在中等职业学校或技工学校完成三年学习后，再到高职院校完成两年课程，学生毕业后能拿到大专毕业证，前三年实行中职收费标准、分段式教学，后两年实行大专收费标准。另一种是中职学生在中等职业学校或技工学校完成两年学习后，再到高职院校完成三年课程，学生毕业后能拿到大专毕业证，前两年实行中职收费标准、分段式教学，后三年实行大专收费标准。五年制高职是高等职业教育的一种形式。由部分重点中职或技工学校和高等院校经省有关部门批准举办，学制五年，毕业后发给省教育厅验印的全日制大专文凭。

五年制高职将中等和高等职业教育贯通，学生及其家庭投入的教育成本较低，而教育效益和回报较高，在五年时间里，既保证了高职教育的文化素质要求，又达到了国际上培养同类人才专业技术课程有效学时三年以上的要求。在专业设置上，它以经济与社会需求为导向，充分体现适用、新兴、现代、复合等特征，密切贴切经济和社会发展需求，因此深受社会欢迎，毕业生供不应求。用人单位评价五年制高职毕业生“动手能力比本科生强，知识结构比中职生优”，被称为“中职大学生”，就业形势很好。

（二）高职院校自主招生

教育部为进一步建立和完善高等职业教育多样化选拔录取机制，2007年起，允许部分国家示范性高等职业院校进行自主招生考试试点，由高职院校自主进行入学测试、自主确定入学标准、自主实施招生录取，考生参加院校自主招生测试合格后，可直接被录取，不用再参加高考。各院校自行组织考试时间不统一。招生生源范围以中等职业学校应届毕业生为主。

（三）“对口高考”

“对口高考”的规范说法是普通高校对口招收中等职业学校毕业生考试，是国家有目的、有计划地从中等职业学校毕业生中招收高校学生的专项措施，以满足职业中学毕业生升入大学继续深造的要求。招生对象为中等职业学校（包括普通中专、职业高中、成人中专、中等技工学校）和综合高中职高班的应届毕业生。“对口高考”的时间和普通高考时间基本一致。

案例【1-1-1】

李栩漾是某技工学校2012级电子商务专业学生。在校期间，她认真好学，积极参加学校开展的各项活动，热心学生干部工作，经过竞聘，成为学生社团——营销协会的负责人。二年级的时候，她在老师的指导下，参加了全省中等职业学校技能比赛计算机应用专业电子商务技术项目，获得了一等奖。顶岗实习前，考取了电子商务员四级证书和ATA四级证书；还先后荣获学校“优秀团员”、“优秀团干部”等称号。2014年，她报名参加了高职院校自主招生，被省师范大学免试录取，从一名中职毕业生成为一名本科大学生。

三、就业途径

在就业竞争日益激烈的情况下，社会上曾流传着这样一句话：本科生就业不如高职生，高职生就业不如中职生。的确，据统计，近几年我国大学毕业生的一次性就业率始终在 75% 左右徘徊，而中等职业学校（含职高、中专、技校）毕业生的一次性就业率早已突破 95%，有些中职学校的毕业生甚至供不应求。与大学生“就业难”截然相反。中等职业学校毕业生持续保持较高的就业率，反映了我国经济社会发展对中等职业教育培养的人才的强劲需求，同时，操作技能硬，接触社会早，可塑性大，吃苦精神好，就业门槛低，也是中职生就业的一大优势。

所以，我们每一个中等职业学校和技工学校的同学都有理由相信，只要我们刻苦学习，不断提高自己的综合素质，尤其是做人的品德和劳动的技能，是不愁找不到一份好工作的。

案例【1-1-2】

陈彩琼是某技工学校 2005 级会计专业学生。小陈是个孝顺老人、尊重师长的女孩。在学校的时候，她在班上默默无闻，和同学们相处融洽，虽然不是班干部，可她很少计较，总是尽自己的能力做好力所能及的事情。顶岗实习的时候，她和班上的几名同学一起由学校推荐到广东一家大型连锁公司工作，入职第一个月，同学们对新单位都评头论足，有诸多不满的声音。可小陈还是如在学校一样，安静做好份内的每一件事，热情耐心地对待客户。每一天第一个到门店，打扫卫生，做好开门营业的准备工作。下班又是收拾妥当，检查门店安全后才最后一个离开。一个月见习期满，小陈在同批次工作的同学中第一个获得正式录用。四年后，她已晋升为公司总部的经理助理，成为公司的得力干将。

四、创业途径

目前很多学校都开始把创业教育作为学校的教学内容，使学生建立创业观念，鼓励学生迈上创业之路。尝试创业也正成为时下中职学生追求的新风尚，现在越来越多的学生意识到，中职毕业同样可以走上创业之路。

中职学生创业具有显而易见的优势。他们接受过专业知识的教育和训练；了解即将从事行业及企业的基本要求；有一定的社会实践和实习经验；有务实的创业观并接受过简单的创业培训。

创业机会对每一个人来说都是均等的，但又不是每一个人所能发掘的。如无数人看到苹果落地，却只有牛顿能产生地心引力的联想。这主要是牛顿在平日里就培养出感受环境变化的敏锐观察力，因而才能够先知先觉形成创意构想。由此可知，创业者要寻找创业机会，就必须善于发掘创业点子。

当然，创业本身是一种做中学的高风险行为。因此，中职生应慎重做出创业的决定。

想一想

当创业机会来临时，是否做出创业决定，则还要看创业时机是否成熟。通常用对如下问题的肯定来作为检测创业时机已经成熟的参考。

1. 你是否具有一个振奋人心的愿景？即创业者志愿承担风险、乘风破浪驶向事业的目标远景。

2. 你是否具有强烈的创业雄心？

3. 你是否勇于承诺，愿意承担风险、吃苦耐劳？
4. 你是否看到一个具有潜力的市场机会？
5. 你是否能提出一个明确可行且能够结合市场机会的创业构想？
6. 你是否能制定出一个能够创造利润的创新经营模式？
7. 你是否拥有足以判断产业相关技术与产品发展的专业能力？
8. 你是否拥有足以经营管理一个新生企业发展的经验与能力？
9. 你是否拥有足以带领团队前进的领导与沟通能力？
10. 你是否拥有能够协助企业取得各项必要资源网络关系的能力？

综合应用

结合自身实际，征询家人、长辈的意见，与老师、同学讨论分析，能明确你中职毕业将选择怎样的发展途径吗？

第二节　中职毕业生所面临的就业形势

一、我国社会经济发展概述

“发展现代产业体系，提高产业核心竞争力”。这不仅是我国“十二五”时期经济发展的重要内容，而且是未来很长时期我国产业发展的根本方向和核心内容。现代产业体系以技术创新和制度优势为竞争力源泉。以创新性、开放性、融合性、集聚性、可持续性、动态适应性为主要特征。高质量、高效益和低消耗、低污染是现代产业体系持续发展的重要标志。也就是说，在高新技术产业中发展以高素质劳动密集为要素特征的产业环节，这就迫切需要大量高素质、有技能的人才。

但据调查统计，我国目前在生产第一线的劳动者素质偏低和技能型人才紧缺问题十分突出，现有技术工人只占全部工人的 1/3 左右。而且多数是初级工，技师和高级技师仅占 4%。从制造业比较发达的沿海地区看，技术工人短缺已成为制约产业升级的突出因素。要推进产业结构优化升级，转变经济增长方式，提高自主创新能力，不断提高现代化水平，都对我国人力资源的结构和素质提出新的更高的要求。国民经济的各行各业不但需要一大批科学家、工程师和经营管理人才，而且需要数以千万计的高技能人才和数以亿计的高素质劳动者。没有这样一支高技能、专业化的劳动大军，再先进的科学技术和机器设备也很难转化为现实生产力。职业学校和技工学校正是迎合了社会经济的发展，成为培养技术工人的摇篮。

二、人才需求的趋势

（一）职业素养高

每个劳动者，无论从事何种职业，都必须具备一定的思想道德素质、科学文化素质、生理素质和心理素质等，才能顺应现代社会竞争激烈、人际交往频繁、工作压力大等特点的要求。

以下几种素质是对人的职业素质的一般要求。

1. 思想道德素质

思想是行动的先导，而道德是立身之本。人是社会的人，职场中更是如此。所以，用人单位在选拔录用毕业生时，会注重考察学生思想道德方面的素质。虽然这种素质很难准确衡量，但是会体现在人的一言一行中，这也是用人单位进行面试的主要目的之一。

2. 事业心和责任感

事业心是指干一番事业的决心。有事业心的人目光远大、心胸开阔，能克服常人难以克服的困难而成为社会上的佼佼者。责任感就是要求把个人利益同国家和社会的发展紧密联系起来，树立强烈的历史使命感和社会责任感。拥有较强的事业心和责任感的学生才能与单位同甘共苦，才能将自己的知识和才能充分发挥出来，从而创造效益。

3. 科学文化素质

包括科学素质与人文素质，尤其是一个人的人文素质，可以说是人格的底蕴，体现为个人的整体气质与精神。高科技发展的今天，使得人们的物质生活丰富起来了，但另一方面，也给人们的思想、精神带来了很多问题。随着物质轻而易举地得到满足，人的主动性和能动性相当一部分却被制约了。《荀子·修身》云："君子役物，小人役于物。"在荀子心目中，君子与小人是不同层次的。君子是主动去控制、去利用这个物，而小人呢，是被物所支配、控制。多看些人文方面的书籍，多学点人文方面的知识，从根本上是要把握人类的精神。它的意义在于修身养性，体悟人生，从而改变我们的性格，提升我们的情操，提高我们的品位，最终找到安身立命之所，实现我们的生命价值。俗话说，"人贵有自知之明"。具体可从以下几个方面来提高。第一，要确立做人的基本品德。其核心有三点：知耻、守信和气节。第二，要遵循社会最基本的道德规范，一个是尽伦尽职，一个是敬业守信，也就是说我们在什么样的位置，就要做好什么样的工作，不能马马虎虎，要敬业，要守信用。第三，审美情趣与艺术精神的培养。艺术潜移默化地影响人，一个人的艺术审美情趣是很能体现他的品德的高尚还是低下的。

（二）专业技能丰厚

随着技术的迅速发展，社会化大生产不断壮大，现代职业对从业人员的专业基础的要求越来越高，专业化的倾向越来越明显。"万金油"式的人才已经不能满足市场的需求，只有拥有"一专多能"才能在求职过程中取胜。职校毕业生日趋走俏也正是这种趋势。

职校学生应该拥有宽厚扎实的基础知识和广博精深的专业知识。因为科学而又持续的经济发展既需要先进的科学技术，又需要精湛的技术水平。这就需要大量的、有较强专业动手能力的实用人才。近年来，高级工招生人数比往年大幅度增加，大幅扩招正是这种需要的体现。因为无论是应对面试，还是应对生疏的工作环境，技工学校或职业学校的学生都显示出较强的适应能力。他们进入实习岗位，经过较短时间的适应，绝大多数已经能独立工作，并显示出较扎实的技能优势和较强的动手能力。职校生必须以专业的基础知识学习为主，夯实基础根基，熟练掌握专业技能，同时兼学相近或近似的专业基础知识，积极参与到兴趣所指的每一个活动场地，提升自身综合素质，扩大就业口径。

三、人才供需的状况

市场经济体制按市场经济规律来处理供需问题。市场经济下的就业竞争也是如此。用人单位与求职者之间实行双向选择。即用人单位根据自身发展的需求，在众多的求职者中选择适合自己需要的，有质量的人才，且以某种条件来吸引毕业生的认同，而求职者则通过充分调查、了解用人单位的具体情况，选择满足个人专长特点、经济收入、生活习惯等要求的用人单位。当今就业市场各种人才类型共存。

1. 高校扩招

早年，我国普通高校的招生规模不大，招生人数不多，高校入学考试的录取率只有20%。但是，自1999年普通高校扩招以来，由于一大部分毕业生的专业结构、知识结构、综合素质、学历层次，甚至就读院校等不适应市场需求，造成了毕业生的择业倾向与技能等不适应市场需要；毕业生的择业期望值与用人单位要求不一致等。这些矛盾的存在，导致了大学生非自愿的摩擦性和结构性失业。“大学生过剩”在就业市场上已形成一支极具竞争力的就业大军。

2. 下岗职工再就业

由于企业改革、重组，或由于个人或其他方面的原因，不同类型的职工下岗再进入就业市场，他们经历了下岗的挫折，亲身体验着无业的艰辛，所以，只要一有就业机会，就会紧紧抓住，不会轻易放弃。他们大都具有一定的社会实践经验和职业技能，求职的竞争力较强。

3. 农民工进城

随着改革开放和工业化、城镇化进程的深入和加速发展，农民工进城从事二、三产业的人数大量增加。2014年农民工总量27395万人。他们不怕脏和苦，薪酬要求也不高。

4. 中职毕业生

中职毕业生是就业市场上极具生命力的一股就业力量。他们年轻，至少掌握有一门专业技能，具备一定的专业理论基础。同时，大部分中职生在校期间都会通过假期的勤工俭学积累一些社会经验，再加上顶岗实习一年的锻炼，他们比大学生的要求低，能吃苦，可塑性大。因此，他们在就业中深受用人单位的欢迎，一次性就业率高。

四、中职毕业生的优势与劣势

（一）中职毕业生的就业优势

一方面，由于产业结构的调整，产生了对专业人才的新的类别需求、层次需求和数量需求，像数控技术应用、汽车维修、计算机应用与软件技术等不少行业都出现了技术工人短缺，出现了“技工荒”；另一方面，中职毕业生可塑性大，敬业精神较强，能把所学专业随时应用于实践，工资待遇要求也低于大专以上学历的人员。因此，在劳动力市场上，中职毕业生深受用工单位的欢迎。

（二）中职毕业生的就业劣势

1. 自我认知偏差

一部分中职学生自我认知存在误差，认为自己毫无优点，有的只是一大堆缺点，因此不能确定什么职业奋斗目标。对依据自身条件，实现自己理想的信心不足或不敢奢谈理想。

2. 需求信息匮乏

中职学生大多数由初中生升学上来。从校门到校门的成长发展，使他们对社会了解不多，加之获取信息的能力和渠道的限制，使他们对就业市场上的用人需求信息知之甚少。

3. 职业意识薄弱

在就学期间，大部分学生对自己所学的专业和未来要从事的职业没有清楚的认识，有很多学生所学的专业是家长代选的。他们对职业所需要的付出、对工作的辛苦和压力缺乏思想准备。表现为心理浮躁，急功近利，缺乏“干一行爱一行”的职业情感，稍有不如意就跳槽，跳来跳去，结果一事无成。还有一部分学生贪图轻松，害怕吃苦，总是希望就业初始就找一个轻松自在的工作岗位，不愿艰苦奋斗。

综合应用

通过电视、网络及报纸等途径，搜集你所学专业近年来的人才需求情况。

第二章 面 试

对于求职者来说，面试是一次机会，更是一场考验。有些求职者参加一次面试就获得了成功，而有些人却屡屡失意。失意者中的很多人在面试前没有做好充分的准备，面试后也没有进行详细的分析。成功了也不知道为什么成功，失败了也不知道为什么失败。实际上，面试并不是无章可循。在某种程度上，它是一门艺术。了解面试，做好充分的准备，通过训练掌握面试的技巧，面试时尽力展现出自己的风采，是求职者走向成功的通行证。

第一节 资料准备

一、求职材料的重要性

（1） 求职材料是求职过程中的通行证。

（2） 求职材料是应聘的个人广告。内容充实而又富有个性的简历，将会在众多平庸而雷同的简历中脱颖而出，更早地吸引人事经理的眼球。

（3） 应届毕业生要重视自己的第一份求职材料。谁能未雨绸缪率先掌握求职信和简历的书写要领并认真地准备好求职材料，谁就可能在今后的求职道路上走得更顺畅一些，至少被埋没的概率要少一些。

二、完整的求职材料

完整的求职材料，一般应包括下面内容。

（1） 身份证明，如身份证原件（复印件）、驾驶证等。

（2） 毕业证。

（3） 各种荣誉证书。

（4） 技能等级证。

（5） 学习成绩单。

（6） 《毕业生就业推荐表》。

（7） 个人简历。

三、求职简历

（一）企业筛选简历的方法

在动笔书写自己的简历前，每一位求职者都应该了解一下企业筛选简历的方法，这是非常有帮助的。

各种资料及统计数据显示，一份简历在招聘人员的手中的停留时间不会超过1.5分钟。对于知名的公司更是如此，往往一个岗位的招聘就可以收到上百份简历。如果你的简历不能在短时间内迅速抓住招聘人员眼球的话，基本上就失去了面试的机会。根据企业招聘人员的经验介绍，不受欢迎的简历通常都存在以下问题。

（1） 简历太长，东拉西扯，长篇大论。招聘者没有时间看，也不愿意看。

（2） 简历中到处都是华丽的辞藻，过于抒情，显得矫揉造作。

（3） 简历中自吹自擂，一味吹嘘自己的成绩。

（4） 简历的纸张质量太差，看上去不够美观、严肃。

（5） 简历中的文字排版混乱，或者字号过小，显得密密麻麻。

（6） 简历中都是平铺直叙，没有突出的特点和业绩。

（二）好的个人简历必须具备的要素

好的个人简历就是求职成功的一半，个人简历是用人单位了解求职者个人情况的最直接的途径，也是用人单位对求职者求职的时候所提出的最起码的要求。求职者求职的时候，必须给用人单位提供一份个人简历。一般而言，成功的个人简历必须具备以下几个要素。

1. 简明扼要，重点突出

有不少求职者认为，个人简历的内容写得越长就越能让招聘者更多地了解自己的情况，其实这是一种错误的认识。因为招聘者根本无暇顾及过于冗长的个人简历，如同好的广告用词都十分精练扼要一样，简历最好不要超过两页纸。能够在一页纸上清楚且完整表达的，就不要使用两页纸。

2. 主次分明，最重要的信息出现在最前面

每个人都有自己的特点，应该把最能吸引招聘者目光的特长写在最显眼的地方，例如每页的页首，以及每个标题下的第一项。同时为这些你想突出的内容留出较多的空间，以便添加更多让人信服的细节。

3. 强调成功的经历，用事实说话

不要在简历中只写结果，应该采用“从事的工作→结果”这种格式。对于自己过去的经历和收获，有精练详细的介绍。然后写上完成的结果，以及对自己能力提升产生的影响等。当然，要有针对性地介绍，不要不着边际地写上一大堆。

4. 使用恰当正确的语言

苍白无力的平铺直叙或者华丽的辞藻都不可取，在书写简历时也不能使用带有主观评价色彩的词汇，给人留下自吹自擂的印象。应该尽量用客观有力的词语，给人诚实可信的感觉。同时注意不要使用拗口的语句和生僻的词汇，更不能出现病句或错别字。

5. 针对性强，充分体现求职的诚意

这是求职者在制作个人简历中最容易忽视的地方，也是招聘者潜意识里的希望。求职者制作个人简历的目的就是为了求职，没有诚意怎么算是“求”呢？求职者专门针对不同企业的不同职位制作简历，在个人简历中体现出来的十分诚意，让招聘者感觉到“你对我公司很重视”，认为你非常希望进入他的公司。而且很专一执着，而不是像有的人那样到处

乱投简历。

6. 真实可信

真实是简历最基本的要求，虽然在简历中我们会尽量突出自己优秀的一面，忽略自己不足的地方。但只要是书写在简历中的内容都应如实地记录和陈述，让招聘者对你产生信任感是非常重要的。

案例【2-1-1】

小王没有想到他在简历中写上自己擅长英语会给自己带来这么多的麻烦，其实，他只是想说自己在学校里英语学得比较好罢了，他确实也是班上英语学得较好的一位。可是没有想到这个五星级大酒店的人力资源部经理还跟他较上了劲，非跟他用英语对上话不可。他一下子就蒙了，后悔自己在“特长”一栏中写上了那句话。这次面试是否成功事小，还可以争取下一次机会，但其中的尴尬真让小王难受了很长一段时间。

想一想

小王应该怎么来写自己在英语方面的成绩？简历中自我表现的度是什么？

范例：

<table>
<tr><td>姓　　名</td><td>张杨</td><td>性　别：</td><td>男</td><td rowspan="4">照片</td></tr>
<tr><td>家庭详细地址</td><td>广西梧州市龙圩区广信路 186 号</td><td>民　族：</td><td>汉</td></tr>
<tr><td>身　　高</td><td>175cm</td><td>出生日期：</td><td>1995.10</td></tr>
<tr><td>邮　　箱</td><td>zhang3@mail.com</td><td>联系电话</td><td>13834567892</td></tr>
<tr><td>通信地址</td><td colspan="2">广西梧州市龙圩区广信路 186 号</td><td>邮　　编：</td><td>543100</td></tr>
<tr><td>毕业院校</td><td colspan="4">广西经贸高级技工学校</td></tr>
<tr><td>专　　业</td><td>计算机网络应用</td><td>学　　历</td><td colspan="2">技校</td></tr>
<tr><td>特　　长</td><td colspan="4">足球、跑步</td></tr>
<tr><td>获奖情况</td><td colspan="4">2011 年参加区职业技术技能比赛获二等奖</td></tr>
<tr><td>主要经历</td><td colspan="4">2001.9—2007.7 下廓小学
2007.9—2010.7 林水中学
2010.9—2012.7 广西经贸高级技工学校</td></tr>
<tr><td>社会实践经历</td><td colspan="4">2011 年 8 月 东莞正欣科技有限公司 电脑网络维护</td></tr>
<tr><td>自我鉴定</td><td colspan="4">具体内容见后面求职信例文</td></tr>
</table>

四、求职信

求职信也叫“自荐信”，它是集自我介绍、自我推销和求职行动计划为一体的文字材料。其中总结归纳了个人简历，突出了求职者背景材料中与招聘单位最有联系的一部分。一封行文流畅、思路清晰的求职信可以充分体现出求职者的语言表达能力和沟通能力。求职信通常附在简历前与简历一起使用，和简历一样重要。如果一份简历没有求职信，如同推销员在顾客面前还没有开口自我介绍就递上产品说明书一样。虽然很多招聘主管在看求职材料时，不一定有时间和精力阅读求职信，而是直接看个人简历，但是还是有许多招聘者把求职信作为对求职者的第一印象。因此认真并精心地准备求职信，是每一位求职者都应该做到的。

（一）求职信的内容和结构

求职信一般包括标题、称谓、正文和落款四个部分。

1. 标题

在求职信上方居中单独一行书写，如“求职信”或“自荐信”，标题字体要比正文字体稍大。

2. 称谓

称谓是求职者对用人单位或者对用人单位招聘人员的称呼，如用人单位明确，可以直接写公司的名称。并且在前面加上“尊敬的”作为修饰，在后面写领导职务或者统称“领导”，如“尊敬的××公司领导”。

3. 正文

正文通常包括四个主要部分，即自我介绍与写信理由、自我推销、愿望与决心，以及进一步行动的计划。

（1） 自我介绍与写信理由：求职者首先要感谢招聘单位抽时间阅读你的材料，然后交代清楚“我是谁”和“为什么写信”。交代“我是谁”就是做简单的自我介绍，如“我是××学校的学生，学习的是××专业，今年即将毕业。”尽量简明扼要；在“为什么写信”部分写清楚谋求的职位并告诉阅信者你对该单位的了解情况，可以说：“我在学校招生就业办公室的公告栏里看到贵公司的招聘启事，知道贵公司急需聘用几名数控车床操作工。我认为自己符合你们的招聘条件，希望能加入到你们的企业中。”

（2） 自我推销：这部分是求职信中最关键的一部分。求职者应根据应聘的职位要求，充分展示自己的求职条件，写清楚自己的特长，让阅信者感觉到你就是他们想寻找的人。在写的时候应有所针对，有所强调，切忌包罗万象的简单罗列，更不能自吹自擂。

想一想

你有什么可以在求职信中展现的特点和经历？哪些特点和经历可能是最让用人单位感兴趣的？

（3） 愿望与决心：在这个部分求职者应首先写一些客套话，对招聘单位进行恰如其分的赞赏。然后表达自己希望加入的愿望，以及加入后的打算。

（4） 进一步行动的计划：在正文的最后，求职者可以告诉招聘单位自己的联系方式并提出进一步行动的要求。例如希望能接到企业的联系电话或者回复你的 E-mail，并用积极肯定的语气结束。

4. 落款

虽然有些招聘者未必会在意落款时你写了什么，但千万不要忘记给阅信人诚挚的祝福。写什么有时并不重要，但是如果不写，会让人觉得你没有礼貌或者连基本书信格式都不懂。

（二）求职信的写作技巧

1. 有针对性，引人入胜

任何一个招聘者对有关自己企业的信息都是很敏感的，因此在求职信中利用你收集到的信息，有针对性地介绍自己，发表见解，一定能迅速引起阅信者的兴趣，争取到进一步的面试机会。

2. 言简意赅，忌面面俱到

由于企业主管人事的领导每次招聘都要看大量的求职材料，因此拖沓冗长的求职信只会让人觉得厌烦。用最简单，但最有说服力的语言有针对性地概括自己的特长和经历。不要什么都想说，结果什么都不突出，反倒起了相反的效果。

3. 行文自然，忌矫揉造作

很多求职者为了展现自己的文采，喜欢使用华丽优美的辞藻，说一些豪言壮语。要知道求职信不是散文，不是求职者抒发情感的地方。矫揉造作的风格会让阅信者觉得空洞，没有实际的作用。

4. 具体明确，通俗易懂

不要使用模糊的字眼，多用具体的事情和数字来证明自己的才能。不要使用生字或者过于专业的术语，要考虑到阅信者的知识背景，否则容易引起反感。

5. 要自信而不要自傲

在写信时要使用肯定的语气充分展现自己的自信，不卑不亢。措辞要注意分寸，不要给人傲慢的感觉。毕竟，对于企业来说，宁愿聘用谦虚的人，也不愿聘用骄傲自满的人。

6. 真实可信，忌夸大吹嘘

有选择并真实地反映自己的情况，尤其作为涉世未深或刚刚毕业的学生，没有经验是正常的。不要随便使用“我到某公司实习，负责……”这样的字眼，宁可用“参与”；否则给人以夸大其词、自我吹嘘的感觉。

（三）例文

求职信

尊敬的领导：

您好！

我叫张杨，是广西梧州市龙圩区人，就读于广西经贸高级技工学校。谢谢您能够在百忙之中浏览我的这封求职信，让我有机会成为贵公司的一员。

我所学的专业是计算机网络应用专业，在校学习期间，我刻苦用功，努力掌握好每一项专业知识，在计算机操作与使用、计算机组装与维修、计算机网络技术与应用、网页制作、操作系统与网络服务器使用与管理、网络布线与小型局域网搭建、中小型网站建设与管理等专业科目上都取得了一定的成绩。在学校生活中我也很注重搞好与老师、同学之间关系，尊敬师长，关心同学。同时我也是一个兴趣爱好广泛的人，经常积极地参加学校组织的各类文体活动。

我最大的愿望是能够找到一个发挥自身能力、施展才华的空间，在此向贵公司谋求一份工作能够展示我所长，为贵公司的发展尽自己的一份绵薄之力。即使我不幸没能得到这个机会，我也会以贵公司对员工的要求来严格要求自己，提高自己。

祝愿贵公司事业欣欣向荣，蒸蒸日上。

此致

敬礼！

求职人：张杨

2015 年 6 月 18 日

第二节　面试准备

引例

联想集团广西的办事处到某中职学校招聘文秘、业务员和维修人员共 6 人，招聘广告一出，有 50 多人报名参加面试。李军第一个进场，出来后同学们纷纷围着他打探面试的情景。李军沮丧地说："简直可以用煎熬来形容，面试官是个年轻的女性，不苟言笑。打完招呼后她就盯着我不发一言，弄得我不知所措。我赶紧介绍了一下自己，还结结巴巴的。唉，后来更难受，她问的问题稀奇古怪的，我整个人都傻了，感觉没有哪个回答是让她满意的。一紧张，连平时很熟的专业知识都答不完整了。"

从以上的案例中，我们不难发现，李军同学对面试的要求和流程一无所知。面试前也没有准备，所以才会在面试中乱了方寸。

即使是充分准备，优秀的演员在上台时偶尔也会出现忘记台词的现象。而在求职中，有很多人都会因为懒惰，而不为面试做任何准备，总想着"到时看着办"。抱着这样的态度，面试如果成功，也只是运气好而已。用面试前等待的时间做好充分的准备才能在面试中从容应对，这是求职过程中走向成功的关键一步。

一、了解面试

（一）面试的形式

有时应聘者要获得一个职位要经过几轮的面试，因此有机会参加面试并不一定代表求职成功，但招聘过程中能获得参加面试的机会说明应聘者离成功又走近了一步。有些应聘者可能在参加面试前与用人单位的某个部门的人员已经有过接触，但那不是面试。通常来说，面试就是用人单位为了更好地了解应聘者的全面素质而安排的与应聘者的正式会面。与简单的谈话不同，它是在特定情景下经过设计的一种有目的的测试，主要包括个人面试和集体面试。随着现代化技术的应用，目前面试从广义上来讲还包括电话面试及网上面试。在本书中，我们将详细介绍个人面试的技巧。

1. 个人面试

个人面试又称“单独面试”，指用人单位的面试官与应聘者的单独会面，这是面试中最常见的一种方式。在这种形式的面试中，面试官与应聘者能够得到较深入的沟通，面试官尽最大可能挖掘出应聘者的潜质。在这种面试中，应聘者所有的言谈都应围绕如何让面试官接纳自己。

2. 集体面试

集体面试是指用人单位同时安排的多人集体会面。在这种面试形式中，如何突出自己，给面试官留下深刻的印象，但不显得锋芒过露是应聘者应重点解决的问题。在集体面试中，面试官也会设置一些特定的场景，例如让应聘者进行小组讨论等以考察应聘者在小组中的个人沟通能力、分析能力及团队协作能力等。

3. 电话面试

电话面试是指用人单位在面对众多求职者时，为了进一步筛选人员而在安排面试前进行的电话访谈，它是应聘者在求职中遇到的第一个面试。

4. 网上面试

网上面试是指用人单位利用互联网与应聘者进行的面试，通常会以视频面试或者文字沟通形式进行。在互联网迅速发展的今天，网上面试由于直观、快捷、省时且节约成本而获得越来越多的企业的青睐。在这种形式的面试中，应聘者的文字功底，在视频中的表现显得尤其重要。

（二）面试的目的

无论哪种形式的面试，一般来说，其主要目的有几个。

1. 了解应聘者的基本情况

虽然用人单位从简历中可以了解到应聘者的许多基本情况，例如身高、体型、相貌、兴趣爱好和家庭状况等，但一个人的仪表、气质、言谈举止和精神面貌是不能通过纸张体现出来的。文明的举止、适度的言谈，以及端庄的仪表能说明一个人是否注意自我约束，做事是否有规律，有责任心。

2. 了解应聘者的智商

一个人的智商因素包括知识结构、个人能力及学习成绩等多方面，通常对知识的考核大多数是通过笔试来完成的，但用人单位有时也会在面试中通过问答了解应聘者对专业知识和其他知识的掌握情况。

3. 了解应聘者的情商

通过问答，用人单位可以从应聘者的反应中了解其自我控制能力。例如遭到无端指责或批评时是否能做到理解、克制及宽容；了解其态度是认真谨慎还是随意，是勇于创新还是保守；了解其人际交往能力，能否做到谈吐自然，并且交往恰当等。

4. 了解应聘者的综合素质

综合素质包括表达能力、应变能力及分析能力等。用人单位通过应聘者与面试官之间的互动，考查应聘者表述问题是否富有逻辑性、回答问题是否果断、表达是否流畅、反应是否迅速，甚至语音语调运用是否适宜等以判断应聘者的综合素质。

想一想

如果你是招聘者，你会选择什么样的人？

（三）面试的流程

为了达到面试的目的，面试官通常都会精心设计面试的场景。通常说来，面试都会有以下几个流程：

寒暄问候→自我介绍→向应聘者提问→轻松话题→向面试官提问

（1） 寒暄问候阶段是面试官对应聘者的第一印象，礼貌得体的问候尤其重要。

（2） 在自我介绍过程中，应聘者的表达能力将得到充分展现。为了取得好的效果，应聘者可以在面试前准备好要讲演的内容，语言尽量精彩简练，争取背诵熟练并多做模拟练习。这样，在正式面试时就能轻松自如地发表精彩演说了。

（3） 面试官向应聘者提问的阶段是整个面试的主体，由于面试官直接控制这个环节的进展，应聘者处于被动的地位。因此这个环节也是最难的部分，直接决定应聘者最终的成败，应聘者应在面试前做足功课才能保证顺利过关。

（4） 轻松话题中其实并不轻松，应聘者在较放松的情况下往往会透露出最真实的本性，因此不能轻易上了面试官的当。

（5） 面试结束前面试官往往都会给应聘者机会提问，此时提出问题的水平如何往往会在最后一刻扭转面试官的结论。事先准备好与众不同又颇具水准的问题是很必要的。

二、面试前收集信息

通常在面试时，应聘者将会与企业人事部门的负责人，甚至企业分管人事的高层领导会面。能否被录用，取决于面试官对应聘者的考核。实际上，任何面试官都会倾向于选择对企业有一定了解的人，因为这起码体现了应聘者的诚意和努力。同时，由于对应聘者的评价是由人做出的，有时候面试官做出的决定不一定完全客观，而是凭感觉，因而面试者的态度也非常重要。面试前应尽可能了解招聘企业和面试官的情况，做到心中有数，这样在面试中的表现针对性会更强。

案例【2-2-1】

某同学在应聘世纪联华广西柳州分公司之前，首先特意到公司设在柳州的各个超市进行了一番考察。对世纪联华的经营理念、市场定位、目前规模和发展目标有了相当的了解。他又从公司的宣传栏里了解到了比较详细的背景资料。接着，又上网查阅了许多关于世纪联华及其他国内外连锁经营的管理知识。在此基础上，他还认真总结整理出一份“我对联华的九点建议”。为了争取在面试中成功，他还专程找到一个在公司工作的亲戚，了解到面试可能会由世纪联华人力资源部的部长主持。他仔细询问了部长的个性与工作作风，并知道部长爱好踢足球，于是在自我介绍中他特别加入了自己的兴趣是足球并享受团队合作乐趣的内容。面试采取的是集体面试，第一个问题便是：你对世纪联华有多少了解？考场内鸦雀无声，而该同学却暗自庆幸：“头筹非我莫属”。果不其然，当他对世纪联华的一番陈述并递上“九点建议”的时候，张部长连连对他点头。在随后的自我介绍中，他再次看到了部长赞许的目光。最终他从80多个竞聘者中脱颖而出获得了职位。

想一想

这位同学为什么能够顺利地通过面试？

（一）收集信息的途径

要掌握招聘单位或面试官的信息，应尽可能地挖掘一切可能的途径以获取最全面的资料。通常，中职学生可以通过以下途径收集信息。

1. 学校招生就业办公室的老师

由于工作关系，招生就业办公室的老师通常会和较多的企业打交道，对企业比较了解。如果是由他们组织的招聘面试，通常会对前来招聘的企业进行调查，并且和前来招聘的面试官也有过较多的接触，对信息掌握得比较全面。

2. 父母、亲戚和朋友

这些人的社会经验一般比学生丰富，信息来源更广。

3. 相关的网站

许多企业拥有自己的网站，有的会在一些相关网站上有自己的网页。通过上网查询，应聘者可以了解到企业的基本情况和近期的动态。

4. 企业的简报或宣传栏

企业的简报和宣传栏中的信息通常比网站上的更深入，甚至更真实，对应聘者详细了解企业很有帮助。

5. 企业的在职人员

如果可能，亲自到企业去一次，感受企业的工作和管理氛围。想办法在不影响别人工作的情况下与在职人员进行一些沟通，他们的介绍可能未必深入，但也可以获得一些十分有用的提示。

6. 请求企业提供一些介绍资料

面试前到相应的企业了解情况，请求企业提供一些介绍资料，对应聘者来说也是很重要的。

（二）了解招聘单位

应聘者调查了解企业的主要目的是尽力把自己的长处与企业的需求紧紧地联系起来，向面试官证明你是招聘岗位最合适的人选。了解企业，做好面试前的准备主要从以下几个方面着手。

1. 弄清楚企业的名称

许多人不能够准确无误地说出自己应聘企业的全称，而习惯说企业的简称，这可能会形成误导。例如许多人会谈到广西柳州市五菱公司，是指“上汽通用五菱股份有限责任公司”还是“柳州五菱有限责任公司”？不熟悉的人很容易误解。试想如果在面试的时候应聘者说错了公司的名称，面试官会如何？

2. 了解企业的性质和背景

企业属于哪个行业？生产哪种产品？是国有还是民营的？是合资还是独资公司？企业文化是什么？每类企业都有着不同的特点，也有不同的人才需求，因此了解招聘企业的性质是求职者必须要做的功课。

3. 了解企业的经营情况

例如了解企业的规模、业绩、发展历史和前景，以及现阶段面临的困难和问题等。了解这些内容以后，应聘者可提前做好相关问答的准备。在面试中，可以告诉面试官自己对企业经营生产的一些看法和建议，以及如何成为企业有价值员工的计划。应聘者的看法和建议未必一定准确有用，但是有想法会思考，关心企业前途的员工肯定最受企业欢迎。

4. 了解企业的内部组织结构、人才结构、工作方式和一些岗位的职责

尤其是招聘岗位的工作职责，在面试时尽可能说出相关的信息以证明自己可以胜任这些职责。

（三）了解面试官

（1） 最好能打听到面试官的姓名，以保证面试时能准确地说出。这样做会让面试官体会到你的细致和诚意，有了良好的开场，面试将会轻松顺利。

（2） 要尽可能地了解到面试官的性格、为人处世的方式、兴趣及爱好等，这样应聘者在面试中可以处于十分有利的地位。有策略地引导谈话向其关注的方面发展，促使他有赞同的感觉。但注意把握分寸，不要明显地一味迎合他。

（3） 了解自己与面试官有没有共同之处。例如是否来自同一个地区？有没有共同认识的人？在面试中不着痕迹地提及，对于特别注重人情交往的国人是非常有效的。

（四）面试的形象设计

虽然企业都强调不以貌取人，但在面试中得体的仪容仪表的作用是很微妙的，绝对是给应聘者加分的项目。当然注重仪表并不意味着一定能找到工作，但是邋遢必定是找不到好工作的，面试的着装要讲究干净、整齐、大方。

三、面试仪容仪表

案例【2-2-2】

小王学的是广告设计专业，一贯注重个性化的表现。在学校期间，常常因为穿着奇特，留长发并染发被老师责问，甚至为此受过警告处分。临近毕业，班级同学陆陆续续找到了工作单位离开了学校。在求职等待期间小王认为没有人再理会他的头发了，工作单位一般都不禁止员工染发，于是他到发廊染了一头金发。某广告公司到学校招聘设计人员，小王带着自己的毕业设计作品充满信心地参加了面试。没有想到，进入面试现场后面试官的第一个问题竟然是："你们学校允许学生染发吗？"，为此，小王失去了一个工作的机会。

显然，仪容仪表是否得体不仅关系到能否给面试官留下一个良好的印象，对于学生，它还体现了你是否是一个遵守纪律的人。

（一）女士篇

1. 服装

一般情况下，女性面试时应为自己准备两套以上正规的套装以应对不同性质招聘单位的面试。准备服装时不能选择过于暴露或休闲的吊带衣、超短裙、露脐装和短裤等。着装的色彩应以深色为主，提倡黑色或灰色等。如果选择色彩跳跃的，服装也应以单色为主，不宜太花。作为中专毕业的学生，穿着有些学生气的服装是常理。选择的套装应该避免过于成熟，充分体现年龄的特点。如果没有条件为自己专门添置面试的衣服，那么也应该保证选择的衣服符合你应聘岗位的特点。如果招聘面试是在校园内进行，那么选择校服永远是最安全的。

2. 面试妆

面试妆以淡雅为宜，不能浓妆艳抹，过于娇娆。适当用些与自己皮肤颜色接近的粉底液使皮肤看起来清爽白皙，但注意不要忘记脖子，否则黑脖白脸是很失礼的事。眼部可以修饰一下眉毛和眼线，眼影不要涂得太浓。如果不擅长化妆，则一定要慎重使用眼影；否则会起到相反的效果。口红要选择与衣服搭配的颜色，干裂及脱皮的嘴唇应先涂抹一层润唇油再上唇彩，使唇色亮丽而有光泽。

3. 发型

发型对于一个人的整体感觉很重要，应根据自己的脸型来修饰头发，但注意发型应庄重大方。如果头发长度不超过肩部，梳理整齐即可；如果是长发，最好扎起来或者做成流行且职业的发型。特殊发型和炫目的颜色是不适合的，除非应聘的是艺术类或美容美发等相关职业。

4. 鞋子和袜子

面试时穿的鞋子不能样式奇特，鞋跟不宜过高，颜色与服装相配。选择的袜子也应该是不张扬的颜色，丝袜以肉色为宜。夏天最好不要穿凉鞋，更不宜将脚趾甲涂上颜色。

5. 装饰品

面试时佩戴首饰不宜过多，一定要避免珠光宝气，简单的项链和耳环足以对服饰起到点缀的作用。但应注意耳环应选择贴着耳朵的，否则会给人累赘的感觉。有一些职业，如餐厅服务员是不允许佩戴首饰的，应聘者应特别注意。手表不能过于花哨，容易给人稚气的感觉。准备毕业的学生不应该戴首饰。

6. 香水

气味较淡的香水是可以使用的，在耳背及手腕处轻抹一些将给人以神清气爽的感觉，而过浓的香水作用适得其反。如果是夏天，使用香水更应该慎重。用一些止汗香露是有必要的，尤其对于出汗多体味重的人。

（二）男士篇

1. 服装

西装是永远的选择，颜色应该不张扬，深色为主，但尽量不穿黑色；衬衫最好是白色的，柔和的其他颜色也可，但最好是浅蓝色和浅黄色的，不宜穿条纹或有花纹的衬衫；领带颜色以低调的色调为主，图案越简单越好。中专刚毕业的学生由于年龄原因很少人有西装和正式的衬衫。但作为应聘者，穿着正式一些的衣服告诉别人自己已经不是孩子了还是很重要的，至少不应该穿着球服或者短裤去面试。

2. 皮鞋

皮鞋应选择黑色，样式不能夸张。鞋底不要有铁皮，否则走路时太响很难听。面试前应仔细擦擦自己的鞋子，不应该穿着满是灰尘或泥浆的鞋走入面试现场。如果选择穿休闲裤，也应该穿相配的皮鞋。如果穿运动鞋，一定要事先刷干净。

3. 头发

男性的头发同样也应该根据脸型来梳理，面试前洗头让头发看起来干净整齐是非常重要的，长度应该以短或者中等为宜。如果你的头发总是不听话，那么使用一些发胶是必要的。要不然就干脆剪成平头，说不定反倒显得精神。除非是艺术家，否则不要留披肩的长头发或者染发。

4. 面部

男士不需要化妆，除非应聘的职位是演员，但是要保证仔细地刮过脸。满脸油光或者青春痘容易给人邋遢的感觉，所以在求职的日子里有必要护理好自己的面部。

5. 饰物

越来越多的男性把手表作为自己的饰物，但应注意颜色和款式都不应张扬；否则容易给人留下稚气或者轻浮的印象。除了手表以外，男性不应佩戴任何饰物，耳环或者项链都容易给人错觉。

6. 香水

男性不要使用香水；除非少量使用一些专门为男性设计的古龙水，这样会给人以清爽的感觉。对于出汗多体味重的男性，止汗香露同样也很重要。

想一想

你平时的穿着打扮是否适合面试，为什么？

四、面试礼仪

案例【2-2-3】

小丁很高兴进入了复试，在面试中他表现得很好。无论在自我介绍还是现场的考试，他都完成得不错。身为学校戏剧团的骨干，他还现场即兴表演了一个小品，赢得了面试官们的称赞。当他结束面试走出办公室时，门口的接待小姐告诉他："你是今天表现最出色的一个。"他自己也以为稳操胜券了，但最后等来的结果却是不录用。他百思不得其解，忍不住打电话给那位接待小姐询问原因。小姐沉默了一会，告诉他："其实招聘的面试官大多数对你都挺满意的，但是你败在细节上。公司认为作为销售人员，给客户的直观印象是非常重要的，但是你大大咧咧的表现实在没办法说服大家录用你。"

这个惨痛的教训让我们不得不感叹，细节也是我们在求职过程中应该留神的问题。

（一）进门的艺术

进门前确认自己的手机已经关机或调到了振动，应该记着，在敲门或者面试官叫你的名字的时候，你的面试就已经开始了。无论面试办公室的门是开着的，还是掩着的，在进门之前都必须敲门。敲门声音不能太大，否则容易让人觉得你很鲁莽；也不能太小，否则容易让人觉得进来的人是一个过于谨慎而胆小的人。

走入面试现场的时候，无论你有多紧张，都应该抬头挺胸收腹。步幅与平时一样，步速要适中，面带微笑地看着面试官从容地走到他的前面。

进屋后若发现面试官正在埋头书写对一个人的评价，或者几个面试官正在低声交流，请不要打扰，应自觉安静地站在门边等候；除非面试官示意你先坐下。进屋后就应该听从面试官的安排，不要东张西望，动手动脚或者中间插话。

（二）见面握手

许多人认为握手是无师自通的事，没有必要事先了解，所以很少人会做专门的练习。

然而，如何握住陌生人的手，怎样摇动，时间应该有多长恰恰是第一次通过接触传达信息的重要问题。有些外企把握手作为衡量一个人是否专业、自信，并且有礼貌的重要依据，坚定自信的握手能给面试官带来好感，让他觉得你是懂礼之人。

一般来说，入场后面试官没有起身的话就不必与之握手。通常情况下，应聘者应该等面试官主动伸出手来才能握手。当然，当面试官是男性，而应聘者是女性的话，通常他会等应聘者先伸手；除此之外应聘者都不应采取主动。

握手时一般是握右手，除非对方先伸出左手。拇指和食指成 V 字形，伸出时手掌不能弯曲。握住对方三分之一到一半之间手掌较为合适，握得太少，让人觉得缺乏诚意。力度应适中，太柔弱会让人觉得你缺乏自信或者不够果断；太重则容易显得莽撞。握手摇动时是上下摇动，一般摇动两三下就自然松开，力量从肘部发出而不是腕部；否则会弄痛对方。握手时应面带微笑正视对方，不要环顾左右，显得躲躲闪闪缺乏自信。

（三）接递名片

有时候，面试官会给应聘者名片，记住用双手接。接过后应先阅读名片上的信息，然后再认真地放进自己的口袋或包中。如果应聘者为自己准备了名片，也可以递给面试官。考虑到对方阅读的方便，应先把名片调转 180º 再递给对方。

（四）寒暄

进入面试的办公室后，握手或递名片之间应说句寒暄的话，例如“您好，我叫某某某，很高兴见到您”，“感谢您给我面试的机会，很高兴能见到您”等。

（五）站与坐

俗话说，站有站相，坐有坐相。如果面试的办公室并没有为应聘者准备坐椅，意味着面试过程中你应该站着。站立时应该做到落落大方，不要紧张地握拳、不停地搓手或者下意识地摆弄自己的衣角或资料，可以自然把双手交握于前。男性还可以把手背在身后，说话的过程中可以伴有得体的手势，但不要挠头抓脸；女性双脚成丁字自然站立。男性则可以双脚分开大致与肩同宽，站立时应该挺胸收腹，不要晃动身体或在讲话的过程中东倒西歪。

如果面试办公室设有坐椅，那么在面试官叫你坐下之前不能自己坐下，否则别人会认为你没有礼貌或者很傲慢。坐下后翘起二郎腿会显得很散漫，但是坐得过于直板，小腿和身子，腰部和腹部都成 90º 并不见得好。女性通常应自然将脚交叉或者双腿一并侧斜，穿裙子时更应注意，双手交握放在大腿上；而男性双脚自然分开与肩同宽，双手自然平放在膝盖上方。最好不要靠在椅子上，坐满椅子的三分之二即可。

随身携带的包或者文件袋不要随意放置，如果站立，则背在肩上或者拿在手里；如果坐着，可以放在椅子边或者放在大腿上拿着。注意在讲话时不要摆弄拉链或者背带。

（六）饮水

如果在面试时别人给你提供了一杯水，应该站起来接，同时表示感谢。一次性的水杯通常比较轻，水可能会很烫，拿的时候要小心，否则会很狼狈。水杯放在离桌子边远一些的地方，喝不喝没关系，但要避免面试时由于专注不小心碰倒。喝水忌发出声音，这是国际礼仪常识。如果没有形成良好的习惯，容易使人反感。

（七）肢体语言

（1） 时刻记得让面部挂上自信轻松的微笑，法国作家罗曼罗兰说：“面部表情是多少世纪培养成功的语言，是比嘴里讲的更复杂千百倍的语言。”应聘者应该时刻面带微笑，使对方产生亲切、友爱和满意的情绪，为交流创造良好的气氛。但是微笑不能伪装，应该有一点变化。思考时要严肃，倾听时要认真，高兴时要欣喜，要克服似是而非模糊不清的表情。

（2） 要注意眼神的交流，面试时应聘者应该要注视着对方。通常应该看着对方的眼部，但是不要死盯着别人，要让对方从你的视线中感到你的真诚、友善、信任和尊重。如果面试官不止一个人，说话的时候应该经常用目光扫视一下其他人，以示尊重和平等。

（3） 注意举手投足，说话时加适当的手势可以加强语气，但是动作不能夸张，可以在面试前练习一下。许多人在说话或者聆听时会折纸或者转笔，这样会很不严肃。乱摸头发、耳朵或者捂着嘴笑都是紧张、缺乏自信的信号，而且不要吸烟或嚼口香糖。

（八）语言交流

面试时说话语速和音量都应适中，语气不卑不亢。许多人误以为面试时自己多说一些才是最好的推销，所以往往抢着说话，甚至打断对方的讲话。这是没有礼貌的行为，并且会冒言多必失的危险。应该善于倾听面试官的讲话，面带微笑，不时点头赞许。面试官愿意多说，说明他对你感兴趣，愿意向你介绍情况。当遇到与对方有分歧时，应该记住面试不是争论的场合，应该避免争执。

（九）面试结束

面试结束时许多人都会有如释重负的感觉，有的甚至有仓皇逃跑的感觉，给人的印象大打折扣。面试结束前应该用一些正面的语句来结束，可以告诉面试官，你比面试前对这个工作更有兴趣，也可以用“我不会让你们失望的”等类似的话来结束。当面试结束时，应该轻声起立，礼貌地与面试官致谢道别，然后轻轻地将坐椅放回原位。

案例【2-2-4】

“天啊，我不知道该怎么形容我面试中的表现！”陈红在参加完面试后忍不住抱怨，“没想到面试官还会跟我握手，我不知道他发现我的手在抖没有。从走进办公室的那一刻，我感觉自己像个傻瓜，连椅子都不知道怎么坐了。”但是陈红还是收到了录用的通知，出于好奇，到单位上班后她从人事处打听到了答案。虽然陈红面试中在礼仪方面有一些生硬，不完全符合要求，但可以看出她基本是一个懂礼貌的人，公司认为她在其他方面都不错，可塑性较强，所以决定录用她。

在这个案例中，陈红是幸运的，遇到了宽容的面试官。陈红的表现在中专刚毕业的学生的面试中是很常见的，由于长期都把自己当成孩子，很少去关注成年人交往的细节，因而面试时往往会觉得不知所措。

想一想

你平时有什么不好的行为习惯？班级里的其他同学呢？

五、面试前 24 小时

离面试只有 24 小时的时候，求职者应该继续做准备。并且调整心态，进行最后的冲刺。

（1） 面试前一天，为了避免迷路，应该先到面试地点去一次。了解前往的路线和大约需要的时间，要把路途中可能堵车的因素考虑进去，避免到时手忙脚乱。

（2） 出发前再检查一次需要携带的材料和物品，面试需要携带简历、各种证书的原件及身份证。如果你有某人的推荐信或者平时的一些作品，那么也应该带上，注意要带两支笔和一个记录本以便记录面试中的信息。此外，还应带些个人用品，如手表、面巾纸、梳子和镜子等，以保证提前到达面试地点后，可以再次修饰一下在路途中被破坏了的装扮。睡前把所有的东西集中装好袋，放在显眼的地方。这样出门前就不会手忙脚乱，丢三落四了。

（3） 面试前夜应保证不熬夜，不喝酒，正常作息，保证充足的睡眠，只有这样才能看起来精神焕发。

（4） 睡觉前再把准备的个人材料看一遍，并且再进行一次模拟面试。大声说出你的自我介绍，以及为什么你是公司招聘职位的最佳人选。把要点记录在卡片上，以便在面试等待时可以温习。

（5） 出门前洗个澡可以让你神清气爽，面试前的一餐注意吃一些清淡的食品。不要吃辛辣或者气味重的食物，避免突然拉肚子或者口气不好。餐后应该漱口或刷牙，不要吃得太饱，以免面试时忍不住打嗝。

（6） 至少提前半小时到达面试地点，首先到卫生间检查一下自己的仪表有没有因为路途的奔波而破坏。洗洗手，保证握手时不给人不干净或汗湿湿的感觉。用随身携带的面巾纸擦擦脸，用梳子重新梳梳头。再擦掉鞋上的灰尘，不要油光满面或者灰头土脸地进入面试现场。然后到等待地点坐下来，默默温习一下自己要讲的内容。让自己的情绪平定下来，等待进入面试。

综合应用

1. 假设上汽通用五菱股份有限责任公司即将面试招聘装配钳工、电焊工和文秘等人员，请通过各种途径收集公司的信息，做好面试前的准备。

2. 根据自己应聘的职位，为自己做一次形象设计。

第三节　面试内容与技巧

一、面试的内容

面试前，面试官对应聘者的印象只是简历中写在纸上的一点点。面试中，通过提问交流，面试官逐渐了解应聘者的能力、性格，以及处事方式等方面的信息。作为应聘者，诚实巧妙地回答这些问题是步向成功的关键。按照通常规律，以下这些是最常见的问题。

（一）面试的问与答

1. 请简单介绍一下你自己

分析：这个问题经常作为第一个问题提出，这是为了对应聘者有个大致的了解，通常后面的交流会围绕你对这个问题的回答展开。

解答：自我介绍不宜过长，控制在一两分钟较为合适。因此必须突出重点，不要什么都想说，这样别人什么印象也没留下。根据公司和应聘岗位的特点，突出回答你在这方面的优点即可。

例如：你应聘的是钳工，那么你应该把重点放在技能方面的学习情况，取得何种职业资格证书，以及曾经获得过什么技能比赛的奖励。根据钳工工作的特点，还要让对方知道你是一个勤劳肯干、做事严谨的人。

2. 你觉得最大的缺点是什么

分析：听到这个问题你不用觉得尴尬，人无完人，有缺点是很正常的。面试官问你这个问题最主要是看你对自己是否了解，有无自知之明，并且是否坦诚。能直面缺点的人是值得尊敬的。

解答：回答“没什么大的缺点”是不明智的，说明你是个狂妄的人。当然，也不能把自己致命的弱点暴露在面试官面前，那无疑是自绝后路。要诚恳地说出自己的缺点，但在面试官听起来觉得无伤大雅，又像是优点。但注意分寸，否则你的小聪明会给人留下滑头的印象。

例如：“我脾气太急了”，具体表现在做事情总喜欢一口气做完，不喜欢拖拉。对于“磨洋工”的人，总是不给面子责怪别人。这些听起来让人觉得可以理解，给人以雷厉风行的印象。如果应聘的职位是会计，你不防说“我太内向了，人多了就不爱讲话”。大家都知道，会计内向不是缺点。

3. 你有什么业余爱好

分析：面试官想通过这个问题了解你的生活习惯等。

解答：不能说自己没有爱好，也不能说一些乏味的庸俗的爱好。可以根据应聘岗位的特点选择说出几个爱好，展现你在这个职业的性格特点。

例如：如果你应聘的是秘书，那么你可以说你爱好书法和阅读；如果应聘的是技术工人，你可以说你爱好修理小家电等。

4. 你对我们公司了解多少

分析：面试官通过这个问题了解你应聘的诚意。

解答：运用你前期做的准备好好发挥，展现你的诚意及独到的见解。让对方信服，你是这个岗位的最佳人选。

5. 你为什么对这个工作感兴趣

分析：面试官希望知道你对这个职位了解多少，你是否适合。

解答：尽管许多人会因为薪金去应聘一份工作，但这样的回答肯定是不行的。也不能简单地说选择这个工作是为了学习，公司是不希望花钱去帮助你成熟，要告诉面试官你的能力适合这份工作。

例如："销售是富有挑战性的工作，需要有很好的交际能力和推销技巧。我性格外向，人缘好，而且有较强的说服力。"

6. 我们为什么要选择你

分析：通过这个问题，面试官想知道你是否自信，同时也可以通过你的回答进一步了解你的个性。

解答：回答时要充满自信地展现自己的优点，可以列举一些过去成功的经历。但要注意把握分寸，要体现对其他应聘者的尊重。尤其不可随意抬高自己贬低别人，不能让人感觉你是一个狂妄的人。

例如："我曾经利用假期在同行业的一家公司工作过，取得了较好的业绩并得到了同事们的认可。相信与同期毕业的应聘者相比，我可能拥有更多的实践经验；与经验丰富的应聘者相比，可能我的年轻使我拥有更多的精力和工作热情，更具可塑性。"

7. 你以后会继续深造吗

分析：这个问题旨在考查你对自己的人生有无进一步的规划，一般企业是很矛盾的。既希望自己的员工能不断学习进步，又担心为此流失一个在工作上已经逐渐成熟的员工。

解答：回答这个问题一定要小心，说不打算深造，表明你是一个安于现状不思进取的人；如果做肯定回答，那么你应该进一步说服面试官你不会为此影响公司的工作。

例如："如果在工作中，我发现自己离工作的要求还有一定差距，我会选择继续深造。现在学习的方式有很多种，我会选择利用业余时间学习，不会放弃工作。毕竟，实际工作给我的收获和启示是理论知识无法提供的。"

8. 如果我录用你，你将怎样开展工作

分析：这个问题旨在考查你对应聘的职位了解多少，同时查看你是否有独到的见解和能力来胜任这份工作。

解答：如果你事先对应聘职位有了很好的了解，也不能把回答说得太肯定。因为毕竟你还没有深入企业做进一步的调查，你设计的方案还只是纸上谈兵，谦虚地把你准备好的方案说出来是最好的态度。如果没有十足的把握，不如采取迂回的方式来回答。

例如："首先我会听从领导的指示和要求，然后尽快熟悉有关工作，接下来再制定一份工作计划给领导审批。"

9. 你如何评价你以前的上级（学校/班主任）

分析：其实面试官并不关心你曾经的上级是一个什么样的人，他在考查你为人处世的方式。

解答：如果你以为你正好可以借此机会把你原来的上级好好数落一番，你就大错特错了，任何一个听完你的批评的人都会好奇“不知道以后他在背后会怎样议论我们公司和我？”所以不管你与原来的上级之间关系如何，你都应该客观中肯地评价别人，尽量不要暴露个人的喜好。

例如：哪怕你对原来的上级的工作方式不满，你也应该说：“工作上他雷厉风行，对我们要求很严，是一个有魄力的人。其他不是很了解，因为下班后我们很少接触。”

10. 与领导意见不一致你会怎么办

分析：很显然，这个问题在考查你的沟通能力和处事方式。

解答：如果一味地体现你服从的一面，别人会认为你唯唯诺诺没有主见。但是个性太强不听指挥的人，也不是公司欢迎的人，毕竟企业强调的是团队的合作。

例如：如果面试官是中层领导，你可以说：“我会给上级必要的提醒，如果还是有分歧，应该服从上级的指示。”如果面试官是高层领导，你可以说：“对于涉及公司利益的原则性的问题，如果建议得不到采纳，我希望可以向更高层的领导反映。”

11. 如果把你派到外地的分公司工作你愿意吗

分析：这并不意味着真的要这样分配工作，如果是分公司需要人手，在招聘广告中会讲清楚。当然，不排除以后也会有这样的工作调整。面试官的主要目的实际上是在考查你是否服从公司分配。

解答：不管你是否真的愿意到外地工作，面试时应该给予肯定的答复。因为万一面试官只是考验你，你不至于落入圈套。实际上，作为公司的一员，挑选工作地点和和岗位都是不可取的。

例如：“当然可以，我想对于刚进入公司的员工，在哪儿都可以学习提高，都可以为公司做出贡献，我相信公司会根据我的能力给我恰当的安排。”

12. 你还在应聘其他公司吗？进行得怎样

分析：面试官希望通过这个问题了解你对公司的热忱是否如你前面所说的那样。

解答：哪怕你实际上正在马不停蹄地参加若干家企业的面试，你也不能说出来，三心二意会让面试官收回对你的好感。但作为应届毕业生，如果你只承认参加了这一家企业的面试，别人会知道你在撒谎，因此把握好说话的分寸很重要。

例如：“因为临近毕业，所以也向一些同类公司投递了简历，毕竟贵公司在同行中是其他公司望尘莫及的。我不知道我的竞争对手情况如何，没想到我能得到这次面试，这是我最大的荣幸，能到贵公司工作是我最大的心愿。”

13. 你有什么问题要问的吗

分析：这个问题意味着面试即将结束。

解答：好好利用这个机会主动出击肯定能在最后的关头为自己再加几分，把事先准备好的问题提出来，让面试官惊讶于你的专业知识，从而为你增色不少。记住无论你有多么想问“我的工资将有多少？”你也得忍着，因为这个敏感的问题在还没有聘用意向时提出总显得为时过早。而且这个问题提的人肯定很多，面试官说不定已经厌倦了。

例如：为了体现你勤奋好学，你可以问：“我想知道公司平时是否会提供一些业务培训？”也可以问：“您觉得在我正式上岗前，我应该加强一下哪方面的学习？”

想一想

除了这些问题，面试者还有可能对什么问题感兴趣？

（二）影响面试成功的因素

影响面试成功的因素有些是无法控制的，例如公司内部人员结构调整或者申请该职位的人太多等。而许多导致失败的因素都是可以避免的，事先了解这些可以控制的影响成功的因素，就可以在面试中尽量避免。

（1） 糟糕的个人形象，让人误以为你对这次面试根本不重视。
（2） 傲慢自负的表现，目空一切，不知天高地厚的态度。
（3） 急问待遇，让人心生反感。
（4） 缺乏自信，不敢表达自己的见解。
（5） 缺乏热情，表现被动。
（6） 过于紧张，难以放松。
（7） 计较过多，不服从分配。
（8） 见解偏激，缺乏容忍。
（9） 过于油滑，与面试官瞎套近乎。
（10） 不诚实，回答问题明显有保留。
（11） 缺乏明确的职业目标，没有规划。
（12） 学习成绩太差，在学校表现也不好。
（13） 透露出不会安于在这个岗位上长久工作的意愿。
（14） 不善于打破沉默。
（15） 慷慨陈词却没有逻辑性。
（16） 热情过度，提问超出范围。
（17） 过分强调有熟人。
（18） 随意贬低前同事或领导。
（19） 缺乏礼貌，举止不当。
（20） 迟到。

二、面试技巧

引例

“我没想到我会被录用。”王强在参加完广州某港资公司在学校的面试后说道。是的，谁也没想到在面试的过程中，严厉的中年女面试官居然对一个中专毕业生提出了这样的问题："你有女朋友吗？如果你到广州工作，她同意吗？"谁都知道中专生谈恋爱是被禁止的，可王强居然在毫无准备之下回答："有啊，她不同意。"坐在一旁观看的老师直摇头，王强清醒过来，想到老师平时给大家做的问答训练，心想这下完了。"那你为什么还选择我们公司？"王强看着女面试官试图挽回，于是诚恳地说："我妈妈说应该去，妈妈比我们有社会经验，我听她的。毕竟现在应该以事业为主，如果女朋友想不开就算了。我听妈妈的，妈妈只有一个。"

显然，王强的挽回是成功的，他抓住了中年女性的心理，因为说不定她也有一个这个年龄正在谈恋爱的孩子。

三、了解面试的技巧

面试无疑是激烈、紧张，并且充满挑战的，无论应聘者在事先做了多少准备，面试中都会有意想不到的事情发生。了解面试的技巧并加以运用，会让你的面试更加顺利。

（一）说话的技巧

在面试的谈话中，由于面对的是决定自己成败的陌生人，周围还有强手如云的竞争者，很多人不知道如何启齿而坐失良机。掌握一些面试的技巧对求职者来说是必不可少的。

1. 开口前明白说话间应传递的信息

应聘者应该时刻记住，无论说什么，都必须向面试官透露以下信息。

（1） 你是该企业未来有利的资产而非包袱，你拥有帮助企业解决问题的能力。

（2） 你有着明确的人生目标和强烈的工作意愿。

（3） 你善于与人沟通，有团队合作的能力和较好的人际关系。

（4） 你诚实正直，值得信赖。

2. 开口前先想好自己要说什么

面试官的策略就是让应聘者多说，目的是了解面试简历中没有提供的信息。俗话说言多必失，因此应聘者在开口前一定要在脑子里快速地思考一下再说出来。同时把握原则，该说的就说，不要求说的不要画蛇添足免生事端。想在短时间内让面试官都了解自己是不可能，也不可取的。

3. 突出重点，简捷明了

对于面试官提出的问题，回答时应把握重点、简捷明了、条理清楚，并且有理有据，不能简单到只用"是"或者"不是"来回答。通常回答问题要采取演绎法，结论在前，然后逐一论证，论据的要点不要超过三个。这样能体现你思路清晰，如果万一面试官中途打断你的讲话，你也已经把想表达的观点说完了，切忌漫无边际的清谈。

4. 确认所提的问题，切忌答非所问

面试时如果对面试官提出的问题一时摸不着边际，可请对方重复一遍，也可以说："对不起，我想您的意思是……对吗？"一定要搞清楚问题的重点。当然，面试中有些紧张是不可避免的，坦率并谦虚地告诉对方"对不起，我有点紧张"是可行的。对自己不会有消极

的影响，反而能体现你的诚实与坦率。在弄清楚问题后，你的回答才能有的放矢。

5. 形成自己的风格和见解

在一次招聘中，面试官面对众多的应聘者，提出的问题肯定会有很多重复。他们自己都不知道提了多少次同一个问题，也不知道听了多少遍相同的答案。因此，面试官会有枯燥乏味的感觉，只有独到的见解和有特色的回答才会引起对方的注意。记住不要模仿别人，人云亦云。

6. 恰当地谈论自己

面试时谈论自己是很正常的，但切记不要谈得太多。招聘面谈的技巧之一就是要有对方意识，谈话时论及自己适可而止。话题应该更多地围绕企业，以面试官为中心来开展。这样对方会感受到你的尊重，感受到你的重视。当观点与面试官相同时可以用“我也……”这样的句子来表示认同，只要你赞同对方，就可以获得别人的好感；否则很容易给人留下骄傲自大的印象。

7. 勿逞强好胜

当在面试中出现观点上的分歧，切记不要逞强好胜争论不休。面试场不是战场，面试官不是敌人或者对手。应该学会聆听不同的声音，微笑地看着对方，尽快结束这个话题。如果面试官误解了你的意思，不能鲁莽地说：“你没听懂我的话。”或者说：“我不是那个意思”，应该委婉地请求：“我想解释一下刚才说的话。”

8. 巧妙地提出反对意见

有时你不得不表达你的反对意见，那么记住要先对面试官的观点表示赞同后再提出自己不同的看法。这样可以减轻冲突，甚至让对方轻易接受你的观点。在表达观点前可以说：“我的看法可能不大周全，也可能有错。”等类似的话，为自己留下余地。

9. 诚实为本

在谈话中应尽量给人以诚实的印象，回答问题切忌躲躲闪闪，不要虚伪地一味迎合对方。对于面试中回答不出的问题，应坦率地承认，并告诉对方：“以后我会加强这方面的学习。”不能不懂装懂。

10. 稳定情绪，表达流利，吐字清晰

语言表达能力是企业非常看重的问题，克服胆怯紧张的情绪，流利地说出自己的观点。保证声音洪亮，吐字清楚，语速适中也是取得成功的关键。

（二）灵活应对面试官技巧

1. 应对不同的面试官

前面提到，面试是对应聘者的考核，但最终的判断是由人做出的，因此未必客观准确。了解面试官，在言谈中尽量赢取他的认同非常重要。

有些面试官的提问非常尖锐，对于应聘者的回答有时表现出轻视的态度，让不少应聘者觉得无从应对，甚至觉得尴尬。只要明白，面试官可能在考验你的应变能力和胸襟，你就不会觉得难受了。此时不要忘记继续保持谦虚诚实的风范，不要被他干扰了你的心情，按照你事先准备的继续进行应答就可以了。

有些面试官看起来热情有余，无论语言上还是行为上都让你感到意外。他总是夸奖你，而且表现出很谦虚的样子。你不要被此迷惑而放松了警惕，变得狂妄自大。这一类的面试官通常有着非凡的洞察力，故意营造出轻松的氛围让你在放松中暴露出自己全部真实的一面。

有些面试官一直都是面无表情的，他们不是过于专业，就是早已习惯了这一类的招聘面试，已经没什么热情了。对于这一类的面试官，应该注意寻找他感兴趣的话题。当你在谈话的过程中，如果他突然抬起头看着你或者突然停下手中的笔，那么就到了你表现的时候了。抓住这个难得的时机，使他认同你。

还有一些面试官喜欢侃侃而谈，使应聘者很少有机会表达观点，那么你应该认真地倾听。并且不时表示赞许，体现出谦虚明理的样子。轮到你发表看法时，尽量简短，注意观点尽量不要与他有所分歧。

不论是什么类型的面试官，记住他们是为招聘人才才来到面试现场的，绝对不是为了为难应聘者而来。大多数的问题都是为了对你形成全面准确的认识，因此要时刻保持冷静，不能因为面试官的言行而干扰了自己的心情。

2. 提防面试中的陷阱

案例【2-3-1】

韦娟参加了某个知名企业的面试，她提前来到了等待面试的会议室。让她惊讶的是，这里根本没有想象中大公司井井有条的场景，会议室里只有一个公司的接待员，忙碌地在整理应聘者的资料。其余都是等待面试的人，喝水需要自己倒。大多数的人都三三两两地聚在一起喝水聊天，有的男性默默地坐着吸烟，等待接待员叫到自己的名字。会议桌子上散落着空纸杯，接待员办公桌的附近散落着一堆废纸。唉，看来这家公司大概也是名声在外而已，韦娟心里不免有些失望。还有十个人才轮到韦娟，她放下包，下意识地把会议桌上的空杯子收拾好放进了垃圾箱，顺便帮接待员拾起了地上的纸张。然后默默地坐下来，拿出准备好的资料准备再温习一遍。这时，从会议室的内间走出来一位中年女性，她径直走到韦娟面前说："小姐，请把你的简历给我。如果没什么大的问题，你被录用了。"韦娟在众人诧异的眼光中完成了她的面试。

想一想

韦娟参加面试了吗？那位中年女性为什么说韦娟通过了面试？

面试中许多不经意的环节说不定就是面试官故意设下的圈套，目的在于考查应聘者的观察能力和基本素质。所以应时刻记住，从走进公司的大门开始，实际上已经进入面试了。可能在你毫无察觉的时候，你已经失去了成功的机会。故意洒落在地上的文件和笔，热情递过来的香烟，假装丢三落四的面试官等，都可能是你的试题。

四、集体面试的技巧

除非是在招聘大批普通员工时为了节约时间，否则招聘单位采用集体面试的形式通常都是为了考查应聘者的沟通能力、反应能力、把握环境的能力和组织能力。在集体面试中往往会要求应聘者进行小组讨论，招聘者根据应聘者不同环节的表现，挑选出少数人进入招聘的下一个环节。为了不让自己的光芒被遮掩，从众多的组员中胜出，此时应聘者应该注意以下几点。

（1） 仔细观察小组内的成员，迅速估计出他们各自的特点，分析自己的水平在小组中的排名。想好在讨论中如何扬长避短，发挥自己的特长。

（2） 在讨论中善于聆听，不要随便打断别人的讲话，时刻保持礼貌及合作的态度。不要把自己的观点强加给组员，对于不同的观点要表示尊重，时刻体现出你的团队合作精神。

（3） 当轮到你发言时，观点要新颖并有个性，不能人云亦云。

（4） 恰当地表现出你的领导才能，在讨论中很好地把握讨论的进度并加以引导，但不能有任何压制别人的行为。

五、电话面试的技巧

电话面试往往在招聘单位决定是否安排面谈前进行，目的是进一步确认简历中的信息，对一些问题进行沟通。如果应聘者与招聘单位距离太远，也会通过电话进行面试。与一般的面试一样，应聘者要做好充分的准备，回答问题时也要遵循同样的技巧。但是由于通过电话这种特殊的形式进行交谈，所以应聘者应特别注意如下问题。

（1） 与招聘单位约好电话联系后，要保持电话的通畅。如果你的电话总是占线或者关机，没有人会有耐心而不停地拨打你的电话。

（2） 如果确定好了通话时间，那么就应该有条件保证通话时的环境。应该选择安静，不受打扰的地方进行电话面试。如果电话是在没有准备的情况下打过来的，应尽快寻找一个安静的地方接听，并对面试官的等待表示歉意。

（3） 无论有多么期待，也应等电话响了两三声后再接，以免让人感觉到你的迫不及待。

（4） 接电话前应准备好记录本和笔，以备记录重要的信息。

（5） 接听电话时要有礼貌，问好后主动自我介绍。当对方说出自己的姓名时，应记录下来，以后可以直接找他。

（6） 嘴巴不要离听筒太近，让对方听到你呼吸的气流声是很失礼的事情。

（7） 要保持高度的注意力，不要轻易被身旁的事干扰，保证不要漏听或者听错。

（8） 当因信号不清没有听清楚对方的话时，应礼貌地请对方重复一遍，不能靠猜测来判断。

（9） 除非极其必要，否则不要打断对方的话。

（10） 通话结束后要等对方先挂断电话。

六、面试结束

应试者回答问题不应没完没了，要适可而止。要善于观察主试者的神态，发现面试官有结束面试的表情，或者示意结束时，要及时停止。如果回答的问题尚未讲完，也应摘要而述，或者请求再稍微延迟时间，切记我行我素，无休止地讲下去。

面试结束时，应聘者最关心的当然是结果如何，可以机智地了解面试官的意见。

无论是否被录用，应试者离开考场告别时，应该面带笑容，表示感谢对方给予的这次面试机会，并挥手致意告别。

七、面试总结

1. 总结经验

每次面试结束之后，应作回顾，总结经验、教训，以利再战。总结的主要问题有以下几点。

（1） 外表形象是否得到对方认可，言行举止是否得体，有无失礼之处。

（2） 面试过程是否全神贯注、认真地听取对方的讲话，有无尚未理解对方提出的问题就抢先回答、

（3） 回答问题时是否真实表达自己对该问题的认识，回答是否准确、清晰。

（4） 回答的问题中，哪些问题回答得最精彩，哪些问题回答不清或者失误，造成失误的原因在哪里。

（5） 面试官对自己的印象、评价如何，最后是否得到具体的结果。

（6） 面试前计划要了解的问题是否都知道了。

2. 寄上一封致谢函

案例【2-3-2】

小刚应聘某电脑公司技术人员一职，初试通过了，但在面试中却被淘汰了。小刚主动打电话到公司询问自己被淘汰的原因，知道自己在面试中被认为专业知识还不够扎实。他知道，那是因为自己太紧张所致。回到学校，他调整好自己的心态，提笔给负责面试的人事主管写了一封短信：

“感谢您给了我一次面试的机会，虽然我没有成功地获得职位，但是通过面试我学习到了很多东西，也了解到了自己的不足。能到贵公司工作是我向往已久的事，您在面试时对公司未来规划的介绍让我印象深刻，备受鼓舞。我一定会坚持努力学习，希望能尽快达到贵公司的用人标准，争取加入公司。期待着下一次面试时能再次得到您的指导。”

这封信改变了小刚的命运。两周后，他接到了公司的录取通知。

面试结束后并不代表应聘者就可以休息了，写一封感谢信会让面试官对你的看法不同。同时与招聘单位或面试官保持联系是非常有必要的，但是要把握如下几个原则。

（1） 要控制好询问的频率，不要过于频繁，不要让人厌烦。

（2） 联系时适当地表示出你对这份工作的向往和热情会让你比其他应聘者更胜一筹，但不要重复地诉说应该聘用你的理由。这样会显得你很啰嗦，很脆弱。

（3） 记住联系时不要开门见山地询问面试结果，每次都应该先聊一些面试官也非常关心的话题。

（4） 如果没有被录用，也应该继续保持联系，建立起长久的关系。当公司有职位空缺时，谁也不会拒绝一个有恒心的人。

第四节 面试设计与模拟演习

了解面试并收集招聘企业的信息之后，应聘者应该进入为面试表现进行设计并模拟面试的训练阶段。只有精心的准备和充分的训练才能让自己在面试前做到胸有成竹，轻装上阵。

一、面试表现的设计

（1） 为自己设计好针对性强的自我介绍，记住无论你在介绍自己的个人经历、社会实践，还是学习情况、兴趣爱好时都必须充分利用前期收集到的信息，围绕企业的需求来进行，字里行间都不着痕迹地透露出让别人信服你是招聘岗位的最佳人选的信息。将自我介绍反复修改并背诵下来，保证面试时能自然流利地说出。

（2） 对面试中可能会提及的问题进行估计并准备好答案，前面我们已经提到了面试中企业的目的，围绕这些目的来推断面试官可能会提的问题。罗列清楚，然后运用前期收集的信息设计自己独到的答案，记录下来并熟记于心。

二、模拟面试，战术上重视

仅仅背诵常见的问题和答案并不能快速提高你的应聘技巧，面试毕竟不是背诵而是交流。在面试的准备过程中模拟是非常有帮助的。在模拟的过程中可以寻求家人的协助，也可以邀请同样处于求职阶段的同学或朋友共同进行。但是在与同学模拟时，如果你们选择的是同一家企业，那么就有可能会因为共同的练习而使两个人的许多观点相同，在实际面试时就不会给面试官独特的感觉了，所以最好避免与到同一家企业应聘的同学共同练习。模拟可以按照以下步骤进行。

1. 熟悉和扮演角色

先让你的同伴熟悉你应聘企业和面试官的情况，帮助他成功地进入面试官的角色并能适当地发挥。扮演角色应该从入场和握手开始，完全仿真，允许你的同伴提一些你事先并没有准备的问题来锻炼你的灵活应变能力。

2. 分析提高

模拟面试完毕征求同伴的意见，询问自己的表现，共同分析成败，商议提高改进的办法。也可以用录像机记录模拟过程，事后播放。从中你就可以看到面试中自己的表现，一些细节的问题也将暴露无遗。

3. 互换角色

这一次由你自己来扮演面试官，通过扮演面试官会让你有不同的感受和思维方式，这样做的目的是让你换一个角度来审视自己的面试表现设计是否完善。同时从企业的角度来判断同学的表现，学习其长处，避免其不足。

4. 总结定稿，反复练习

根据前面的模拟把自己面试的方案定下来，有时间的时候反复练习，强化意识。争取在面试前把一些习惯性的毛病改掉，保证面试万无一失。

综合应用

1. 根据自己的专业和毕业后可能应聘的职位，进行自我介绍。
2. 重新看一遍第三节面试的内容罗列的问题，思考一下你如何回答。

第三章 适应社会，走向成功

第一节 从学生到职业人的角色转换

“角色”的本意指演戏的人化妆后扮演的戏剧中的人物。后来，这一概念也运用到社会心理学中。社会是一个大舞台，社会中的人也扮演着各种各样的角色。

在社会生活中，人的社会任务或职业生涯随着自身所处的内外环境变化而变化，社会角色也随之变化。一个人从一种角色转换为另一种角色的过程称为角色转换。通常一个人会经常变换自己的角色，就如同舞台上的演员一样。人处在不同的社会地位，从事不同的职业，都需要相应的个人行为模式，即扮演不同的社会角色，如下班回家，就要从职业角色变换为家庭成员的角色。这种经常性的由上级到下级、由领导到子女、由学生到老师等的转换都是角色的转换。

在现实生活中角色冲突是普遍存在的。从事职业的变化，职务的升迁，家庭成员的增减，都会产生新旧角色的转换。新旧角色转换过程中必然伴随着新旧角色的冲突，不过可以通过角色协调使得角色冲突尽可能降至最低限度。协调新旧角色冲突的有效办法是角色学习，即通过观念培养和技能训练提高角色扮演能力，使角色得以成功转换。

一、从学生到职业人角色转换的认知

从学生到职业人其核心是从“要”到“给”的转变，是“索取”到“贡献”的转变。

学生时代因为父母的付出，可以从家里“要”到宠爱与照顾；因为老师的付出，可以从学校里“要”到知识与技能；因为社会的付出、国家的付出，可在社会中“要”到社会的资助与培养，不需要考虑贡献，可以尽管去“索取”。

学生在学校里，考试成绩不好不会给班级和学校造成经济损失，而且还会有补考的机会；如果和同学不能相处融洽，仍然可以保持自己的个性，孤芳自赏；如果你不喜欢某个老师，你可以不去听课，可以期盼着下学期换另一个老师；即使迟到、旷课也只会耽误自己的学习，与其他同学没有多大的关系。

然而，毕业生从校园走上社会成为职业人，如果工作失误，会造成重大的经济损失，没有挽回的机会；如果与同事关系不好，可能被组织认为没有团队合作精神，将成为出局的人；如果迟到、旷工，耽误的是整个团队的业绩，你随时有被开除的可能。作为职业人，在单位里你必须成为社会、企业或老板财富的创造者。

中职生要转换成职业人，必须先“给”，否则你什么也“要”不到。将“索取”的心态变成“贡献”的心态，是成为职业人的关键。从企业的角度来说，企业对人的判断有两个

要求，一个叫做潜力，看你未来成长的空间；另一个叫做贡献，你的加入对这个团队能够产生什么样的价值。作为职业人，应考虑自己能为单位带来什么，自己能为企业创造什么，而不应该首先去想单位、企业或老板应该给自己什么样的回报。只有既能为我们的企业或老板带来实际的贡献，又能有可持续的发展，这样的员工才是最受欢迎的。

二、学生与职业人的区别

（1） 承担的责任不同。

首先，学生是以学习、探索为主要任务，在校园里不怕犯错误，什么事情你都可以去尝试，为了学习的尝试哪怕是错了，学校也会原谅你。所以要是给学生一个简单的角色定位，那就是你可以做错，即使做错了也不用承担过多的社会责任，因为学生有天然的豁免权。其次，学生最快乐的事就是有依靠，在学习方面可以依靠老师，有什么问题你都可以向他请教；在生活上有什么困难都可以依靠父母。

成为一个职业人以后（包括顶岗实习的学生），应尽快地适应社会。首先，必须学会服从领导和管理，迅速适应上级的管理风格；其次，职业人如果在工作中犯了错误，是要承担成本和风险的责任，承担相应的社会责任的。

实践表明，由学生到职业人的社会角色转换比较快的人，容易更早地获得单位的认可，能更快地寻找到新的起点，也就更容易享受到事业成功和生活幸福的喜悦。因此，毕业生应正确面对社会，正确处理工作与人际关系上的诸多矛盾，克服各种心理障碍，培养良好的适应能力，尽快适应环境，迈出成功的第一步。

（2） 面对的环境不同。

学生在校园里基本是“寝室—教室—食堂”三点一线的简单而安静的生活方式，处于单纯而简单的校园文化气氛中。但成为职业人在紧张的职场上，面临的社会环境是快速的生活节奏，紧张的工作和加班；没有了寒、暑假，自由支配的时间少；还要适应不同地域的生活环境和习惯。由于缺乏实际工作经验，开始工作时往往不能得心应手，感觉工作压力显著增加，给心理造成很大的负担。

（3）人际关系复杂。

处理好人际关系是每一个毕业生走上社会后必须学会的课题。学校里人与人交往比较单纯，社会上的人际关系相对于学校中的同学关系要复杂得多。事实上，不同的环境对人的影响和要求也不同。

总之毕业生找工作难，找到工作后做好工作不容易，工作成果能让上司、老板满意更不容易。因此，我们应充分认识学生与职业人的根本区别，重视进入职场后的角色转换。

三、学生到职业人

从学生角色向职业人角色的转换是人生最重要的角色转换之一。根据社会心理学的角色理论，中职毕业生从学生角色到职业角色的转换，必然伴随着角色冲突、角色学习和角色协调等一系列过程。因此，在开始自己的职业生涯之前，应该学习一些相关的知识，对自我、对社会、对即将从事的职业进行细致深入的了解和调查分析，找出自身的不足，提高心理承受能力和抗挫折能力，加强角色认知，做好上岗前的各项准备，以便顺利实现角色转换。

（1） 学生到职业人角色转换的三个阶段。

① 在校期间的实践是角色转换的基础。

学习期间的专业实践和社会实践是学生接触社会、走向社会的第一步。通过专业实践能够使学生充分认识专业特点，巩固专业思想，有利于学生更好地锻炼自己的专业技能，有利于学生对职业角色的认可。社会实践是学生运用自身专业特长，展示才能，服务社会的重要渠道，可以作为角色转换的准备阶段，有力地推动学生在毕业实习期间演习角色的转换，促进学生角色向职业角色转换。

② 毕业前的角色转换。

目前，我国中职毕业生在每年的 7 月初离校，奔赴工作岗位，但是就业工作早就开始了，可以说，这一时期是毕业生转换角色的重要阶段，主要表现在毕业前夕是学生择业的黄金时期，毕业生与用人单位接触的过程中，能够比较全面地了解到用人单位的基本情况，切身体会到社会对自己的认可程度，并依据自身的感受调整职业期望值，实事求是地定位自己的职业，应对职业定位做好相应的准备。这是从学生角色向职业角色转换的第一步，也为中职生的职业角色确定了一个基调，将对角色的转换产生深远的影响。

③ 见习期的角色转换。

一般来说，毕业生工作的第一年为见习期，之后转为正式人员。有人形象地称之为“磨合期”。初到工作岗位，生活和工作环境与学校相比，都有很大区别。中职学习和生活环境比较优越，空闲的时间比较多，生活节奏比较慢，压力较小。而职业岗位不一定在城市，有的环境相当艰苦，由于工作繁忙，经常要加班，属于自己的时间很少，从中职学习向职业环境转变，往往会加剧角色冲突。为此，大家要加强见习期的角色学习，使角色转变顺利。

（2） 如何尽快适应环境。

许多毕业生走上工作岗位以后，产生对新环境的诸多不适应。主要表现在心理上、生活上、工作上、人际关系上和工作技能上的不适应。任何人对环境都有一个适应过程，怎样尽快适应新环境呢？

① 要有良好的心态和心理承受力。

社会与学校相比，生活环境、工作条件、人际关系都有着很大的变化，难免使那些心存幻想、踌躇满志的毕业生造成心理反差和强烈的冲突。毕业生血气方刚，热情奔放，希望自己处处显色，却总是引不起周围的共鸣，不受重用，甚至遭排斥，备感失落、郁闷。这时，具备良好心态和心理承受能力是第一位的，要抱着谦虚好学的态度，从基础做起逐步争取领导和同事的认可，才是成功的开始。

② 增强独立生活能力。

过去经济上靠父母资助，生活上有学校管理，学业上有老师指教；参加工作后，往往要自己处理衣、食、住、行等全部事务，一切都要自理、自立，这是毕业生无法回避的一种能力训练。要学会主动调节生活节奏，养成良好的生活习惯，合理安排自己的业余生活，才能适应新环境。

③ 建立良好的人际关系。

走上工作岗位后，人际交往能力的发挥是适应环境的关键。应放下架子去和周围的同事、领导交流思想感情，热心地去和他们交朋友。如果不善于与人交往，难以沟通，难免将自己封闭起来，以致带来诸多烦恼与痛苦。

④ 培养应对挫折能力。

受挫折者胜，逆境成才者大有人在。不要怕受挫折甚至被讥笑。很多时候都是自己同自己过不去，画地为牢，缚住手脚。“水至清则无鱼，人至察则无友”，也许上级领导并非你所想像的那样，把别人的“严厉”、“难处”当成催化剂，不要偏激地当成一种刁难，或许领导和同事都默默地关注着你，期待着你的成功。

受了挫折怎么办？怨天尤人没有用，自暴自弃只会雪上加霜。最好的办法莫过于静下心来反思，在挫折中吸取经验和教训，使今后少走弯路。所谓“吃一堑，长一智”，转换视角，收到“触类旁通”之效，对付挫折的高招往往在你的不断应对和总结中。

⑤ 增强角色意识。

社会好比一个大舞台，每个人都有自己的角色位置。毕业生进入新单位后，首先应认清自己在工作环境中所承担的工作角色以及这个角色的性质、职责范围，弄清楚工作关系中上级赋予自己的职权和自己承担的义务。如果角色意识淡薄，一意孤行，我行我素，该请示的擅作主张，该自己处理的事情不敢做主或推给上司、同事，势必与新环境格格不入。

⑥ 努力成为“复合型人才”。

刚步入社会的职业人，一般要经历“新鲜兴奋—观察思考—协调发展”这样一个变化过程。学校培养的是专门人才，而实际工作中碰到的问题往往是综合性的，涉及各学科、多领域的知识。社会需要的是“复合型人才”，因此要使自己胜任工作、适应环境，只有随时调整自己的知识、能力结构和思想行为方式，才能不因个人出现困难而止步不前。因为社会不仅看学历和证书，更看重的是能力。

四、完成角色转换应注意的原则

角色转换是一个艰苦而长期的过程，需要坚持不懈的努力。同时，在角色转换过程中需要注意以下几条原则。

（1） 热爱本职工作，培养职业兴趣。

热爱本职工作，安心工作是学生角色向职业角色转换的基础。刚刚走上工作岗位的学生，应当尽快从学生学习生活的模式中解脱出来，全身心地投入到工作岗位中去。如果“身在曹营心在汉”，经过几个月甚至一年的适应还静不下心来，那么，不仅对角色转换不利，而且会影响职业兴趣的培养和工作成绩的取得。甘于吃苦是角色转换的重要条件。只有甘于吃苦，才能实事求是地分析和对待角色转换中遇到的种种困难，并自觉地加以克服。

（2） 虚心学习知识，提高工作能力。

虚心学习知识，提高工作能力是角色转换的重要手段。由于专业课程设置得相对狭窄和学生生活的短暂，一个人在校期间学习到的东西毕竟是有限的，尤其是随着科学的发展和技术的进步，新的知识和技能不断出现，很多知识和能力需要在工作实践中去学习、锻炼和提高。学生在学校期间虽然学到了不少知识和技能，但面对全新的职业，还需要像小学生那样从头学起，虚心向有经验的技术人员、领导、师傅和同事学习，学习他们观察问题、分析问题和解决问题的方法，不断丰富自己的专业知识，提高自己的专业技能，最终达到自我完善的目的。

（3） 勤于观察思考，善于发现问题是角色转换的有力保障。

学生进入职业角色，只有发现问题，并且运用自身掌握的知识去努力解决问题，才能掌握大量的第一手资料；只有分析研究职业对象的内部规律，才能培养自己的独立见解。

（4） 勇挑工作重担，乐于无私奉献。

勇挑重担、乐于奉献是完成角色转换的重要标志。学生走上工作岗位以后，应当从一开始就严格要求自己，树立主人翁意识，增强社会责任感，培养无私奉献的精神，任劳任怨，不计较个人的得失，努力承担岗位责任，主动适应工作环境，促使自己更好更快地完成角色转换。

第二节 职业人必备的职业素质

一般来说，劳动者能否顺利就业并取得成就，在很大程度上取决于本人的职业素质。职业素质越高的人，获得成功的机会就越多。

一、职业素质

什么叫素质？《辞海》中解释为："素就是本色，质就是本质"。一个人的素质好就是指一个人的内在很好。现代教育重在素质教育，我们全体国民都存在着素质教育问题。一个人、一个企业、一个城市要想得到发展，提高素质水平就成了重中之重。联合国对素质问题也很关注，过去对文盲的定义是不能识文断字者；现在对文盲的定义是：一是不能识文断字者；二是不能识别现代社会符号者，例如，去机场不知从哪儿登机，去银行取不出钱来；三是不能运用计算机交流、学习、管理的人，这就是素质教育的基本要求。

职业素质，简单来说，就是指一个人在职业活动中所体现的职业技能、职业道德、职业精神等。对任何企业和个人来说，职业素质的意义都十分重要。一个人要是缺乏良好的职业素质，那么他就不可能取得突出的工作业绩；而一个企业，要是没有一支职业素质过硬的员工队伍，就不可能在激烈的市场竞争中占有一席之地；一个国家，要是全体国民的职业素质跟不上世界水平，那么这个国家的经济就停滞不前，处处被动。因此，刚刚进入职场的中职毕业生，必须培养良好的职业素质，才能尽快转换成为一个受企业欢迎的职业人。

二、职业意识

职业意识是职业道德、职业操守、职业行为等职业要素的总和。职业意识是约定俗成、师承父传的。职业意识是用法律、法规、行业自律、规章制度、企业条文来体现的。职业意识有社会共性的，也有行业或企业相通的。它是每一个人从事所工作的岗位的最基本的，也是必须牢记和自我约束的意识。

宋朝朱熹说，"敬业"就是"专心致志以事其业"。即用一种恭敬严肃的态度对待自己的工作，认真负责，一心一意，任劳任怨，精益求精。敬业是心甘情愿地做出必要的自我牺牲。敬业精神是个体以明确的目标选择、朴素的价值观、忘我投入的志趣、认真负责的态度，从事自己的主导活动时表现出的个人品质。敬业精神是做好本职工作的重要前提和可靠保障。

通用 CEO 杰克·韦尔奇说："如果有哪一种品质是成功者共有的，那就是他们比其他人更在乎。”在意别人对自己的看法，在乎自己被别人尊重和认可，都是每一个健康的平凡人做好工作的最好动机。

职业意识的分类如下。

（1） 诚信意识。

古人曰，只无信不立。人而无信，不知其向。市场经济是信用经济，一个企业、一个职业人、市场信誉是可以用价值（金钱）来度量的（信誉度），所谓名牌、品牌可以作为无形资产、产权交易就是这个道理。

（2） 顾客意识。

大家都明白一句话，顾客是上帝，心术不正者往往把上帝作为宰上一刀的对象。顾客是商品的接受者、选择者、购买的决定者，顾客是商家的衣食父母，对待顾客的态度，实质上就是对待自己“饭碗”的态度。市场的回报是公平又残酷的。第一，顾客永远是正确的。第二，假如顾客错了，请按第一条执行。

（3） 团队意识。

团队与社会、个人与整体是统一的，但有时又是矛盾的、对立的，所以要正确处理与社会、整体之间的关系，我们研究的是在遵守法律、法规、服从社会利益和整体利益的前提下应该具备的。

一个企业就是一个独立的社会经营团队，是由我们所有员工所组成的一个利益共同体，既由我们大家来维护、创造，又给每人带来了管理科学的经济利益与精神生活。维护团队的声誉和利益，不说诋毁团队的话，不做损害团队的事。保守团队的商业秘密，积极主动地做好团队中自己的工作，及时提出有利于企业发展的合理化建议。尊重和服从领导，关心与爱护同事，建立团队内部的协作，开展有效、健康的部门、同事之间的合作竞争，互为平台，互通商机，共同进步。

（4） 自律意识。

分清职业与业余的不同，从而在扮演职业角色时，能够克制自己的偏好，克服自己的弱点，约束自己的行为。

（5） 学习意识。

时代进步，社会发展突飞猛进，新的知识不断出现。每个人要想使自己有所成就，只有具备良好的学习心态、意识，不断充电、吸氧、与时俱进才能保证自己跟上时代步伐，才有可能实现人生价值。想要获得职业生涯的成功，还要善于学习，提高学习的兴趣与学习的技巧、能力、速度、效率，培养优秀的学习敏感性和直觉意识。在知识爆炸的当今社会，准确、及时、快速地吸取职业发展所需的知识，是每一位追求成功者的基本功。

学习有六种方法：一是注重职业知识的宽泛和专业性；二是随时积累有用的资料、工作日记、个人笔记；三是经常回顾总结自己某一项工作的结果，寻找其中最得意或最成功的规律和奥妙；四是注意观察和模仿同事、同行学习的方法；五是善于与人讨论甚至辩论工作中的问题、提纲要领；六是学而时习之，敏而好学，不耻下问等。

三、职业道德

（1） 职业道德的含义。

职业道德是指从事一定职业的人，在工作和劳动过程中，所应遵循的与其职业活动紧密联系的道德原则和规范的总和。职业道德是整个社会道德体系中的重要组成部分，是社会主义道德准则在职业生活中的具体体现。

随着人类社会的进步与发展，社会分工越来越细，各种职业日益繁多，人与人的职业关系也越来越密切，同时也产生了不同行业的职业道德规范，调节着人们的利益关系。为什么各行各业都必须有自己的职业道德规范呢？这是因为各行各业的职业活动都有自己的客观规律，为维护不同行业的正常运行，维护行业的生存和发展，就必须有体现不同行业内的职业道德规范。如教师的“为人师表”，医生的“救死扶伤”，公务员的“公正廉洁”，商人的“货真价实”、“公平交易”等职业道德。

（2） 各行业职业道德要求。

① 会计人员的职业道德。

会计职业道德，就是会计人员在会计事务中正确处理人与人之间经济关系的行为规范总和，即会计人员从事会计工作应遵循的道德标准。“不做假账”是会计从业人员基本的职业道德和行为准则。也就是说，会计行业本身的性质决定了所有会计人员必须以诚信为本，操守为重，遵循准则，不做假账，保证会计信息的真实、可靠。正因为会计行业具有诚信、真实、可靠的职业本质，才获得社会的信赖与赞誉。

② 新闻记者的职业道德。

新闻记者是一种神圣的职业，忠诚于党的新闻事业，敬业奉献，树立良好的公众形象，忠诚于党，取信于民。树立正确的人生观、世界观、价值观，牢记新闻工作为人民服务、为社会主义服务、为经济建设中心工作服务的宗旨，爱岗敬业，诚实公正，不能说假话，不能写假新闻。与法官一样公正，说真话，反映现实，清正廉洁，求实创新，把全部的精力都用到工作上，多出作品，多出好作品，满足人民群众对新闻信息的需求。

③ 秘书的职业道德。

秘书的工作内容是上传下达，撰写公文、领导讲话等，为领导或单位办事。因此，秘书的职业道德也可以从其言德、书德和行德中得到充分的体现。秘书的言德、书德、行德应该概括如下。

a. 言德。能直陈己见，实话实说，而且言之有物，言之有据，言之有理，言而有信；没有高言之无物，言过其实和阿谀奉承。

b. 书德。能秉笔直书，实是求是，有喜报喜，有忧报忧。不做表面文章，不搞文字游戏，不矫揉造作，不粉饰太平。

c. 行德。能令行禁止，有行必果，办事扎实，待人诚实，为人朴实，谦虚恭谨，礼让客气，自尊、自爱、自重，甘当配角，甘做绿叶，勇于奉献，淡泊名利。

简言之，秘书的职业道德就是：勇于奉献，淡泊名利，直陈己见，实事求是。

④ 医务人员的职业道德。

a. 热爱本职工作，关系病人的疾苦，把救死扶伤、维护人民的生命、增进人民的健康、同疾病作斗争作为自己的崇高的职责。

b. 专业医务技术，对技术精益求精，勇于攻克疑难病症，积极革新创造，不断拓宽医学新领域。

c. 对工作负责任，对病人热情，一视同仁，时刻关心病人的痛苦和安危，养成严谨细致的医疗作风，平等待人。

d. 服务细致，谨慎周到，一丝不苟，诊断准确无误，勇敢果断，敢于负责。

e. 保守病人病情“秘密”，举止文雅，端庄可亲，不利用工作之便，侵犯病人权利。加强医德修养，更好地为人们的健康服务。

四、核心能力

决定求职择业成功的因素很多，但最需要的是求职者应有的知识结构与实践动手能力，随着时代和社会的进步，人们对人力资源的开发越来越重视。用人单位在挑选人才时，对应聘者的知识结构和综合能力要求越来越高。因此，毕业生在校学习期间既要努力学习，掌握科学知识，又要锻炼提高能力，增强综合素质。最关键是将所学业务的知识转化为自身的能力和素质。

（1） 社会适应能力。

毕业生走出校门之后会发现理想与现实的差距。因而产生不安或不满情绪，这种情绪有时可能会使部分人轻易改写理想坐标。导致这一现象的真正原因是毕业生缺乏社会适应能力，他们对真实的社会生活做了简单的或片面的估计，出现反差便产生不适。

一个人社会适应能力是其素质、能力的反映，社会适应能力的强弱是与他的思想品德、知识技能、活动能力、创造能力、处理人际关系能力以及健康状况等密切相连的。

一个素质比较高、各方面能力比较强、身心健康的毕业生走向社会后，能够很快适应环境、适应工作，即使是比较困难的条件下和比较差的环境中，也能变不利因素为有利因素，通过自己的努力取得好的成绩。

（2） 人际交往能力。

人际交往能力实际上就是与他人相处的能力。

有人这样估计：一天中，人们除了 8 小时的睡眠时间以外，在其余 16 个小时中，约有 70%的时间都在进行交往、沟通。当毕业生走上社会的时候，会与各种各样的人打交道。在与人交往中，能否正确有效地协调好职业生涯中与他人的各种关系，能否得到别人的支持、帮助，不仅会影响到个人的心理、生活感受，还会影响到工作、事业的发展。

学会与他人共事，建立良好的人际关系，需注意以下几点。

① 要培养自己与同学、与教师、与领导、与教职工打交道的能力。多与人交际，善于听取意见，会从中学到很多书本上学不到的东西。

② 在与人交往的过程中，要学会宽容，宽容是一种美德，“海纳百川，有容乃大”。只有具备一定的人际交往能力，善于处理各种人际关系，才能在工作中充分施展自己的才能。

③ 在人际交往中，要以我们民族善良、诚实的传统美德来善待他人，将心比心，以诚相待。要学会尊重他人，要换位思考，多为他人设身处地地着想，这样才能得到他人的尊重。

④ 要具有既能干大事又能做小事的本领，要有甘当小学生的精神；学会处理具体问题，既坚持原则，又不失灵活。

（3） 自律能力。

自律能力，就是指个体能否严格地约束自己的能力。可以表述为道德上的“三自能力”，即自立、自行、自控能力。自立即自我要求，涉及道德认识、道德理想诸方面；自行即自我“行政”，即自我锻炼、自觉实践，养成自觉的行为习惯；自控即自我“司法”，涉及自我评价、自我调控。从某种意义上讲，人的差别主要在于自律能力的不同。

有不少同学往往在中学阶段，由于缺乏学习方面的自律能力，导致中考结果的不理想，才进入了职业院校。同学们要特别注意增强自律能力的培养，在思想上学会自律自省，自我约束和控制；在行为上用自律严格要求自己，在学习上用自律调整心态，利用好课余时间，重视时间资源，安排好时间，让时间为自己所利用和服务。努力培养提高自己的自律能力，是学生的一项重要能力培养。

（4） 学习能力。

自学能力是现代人独立自主地完整、系统获取新知识的最基本和最重要的能力，是指学生利用课余时间，按照自己的意图，依靠自己的力量主动去获取知识的能力。当今社会科技进步日新月异，知识更新的速度不断加快，使一个人在学校所获得的知识相对有限，而对人们自学能力的要求越来越高，自学能力已成为每个学生学会生存的必要能力。要在学习期间合理安排工作、学习时间。

（5） 自立自强能力。

自古以来，自立自强就是中华民族的传统美德。《周易》中就有“天行健，君子以自强不息”的思想。自强是流淌在中华民族文明血管中生生不息的血液。一个人只有自强不息，才能做到坚韧不拔，不畏困难与挫折；才能做到志存高远，为理想与目标执着追求。一个国家、一个民族也只有自强不息才能屹立于世界民族之林。当代中职生必须发扬自立自强的精神，去适应日趋激烈的竞争。

所谓自立自强，即在具有较强的自我意向的基础上，自觉自主地自加压力，自定目标，自定规范，力求日有所得，月有收获，年有长进，不断自我发展，做生活的强者。对于当代学生来说，自立与自强总是结合在一起的。自立，是指学生要学会合理地安排自己的日常生活，学会独立，学会靠自己的力量创造生活。自强，意味着自力更生、奋发图强；意味着在困难面前知难而进，顽强拼搏。自立自强的精神的培养不是一朝一夕的事，需要学生在实践中不断做出努力。

（6） 表达能力。

表达能力，是指以口头或书面的形式来表达自己的思想、认识和情感的能力。表达能力不仅在工作中有重要作用，而且在择业的过程中也发挥着不可低估的作用，如求职推荐信的撰写、个人材料的整理、接受用人单位的面试等。求职的每一环节，表达能力都直接影响着择业的成败。表达能力是不可缺少的，必须加强培养，如积极参加演讲、对话和辩论等活动。表达能力要求语言具有流畅性、灵活性和艺术性。

在读书期间要珍惜在大庭广众面前发表见解的锻炼机会，增强口头表达能力。例如，同学们在课堂讨论的活动中，应踊跃发言，不要放弃锻炼的机会，只要持之以恒，刻苦训练，表达能力就一定会增强。口头表达能力强，对毕业生将来走上社会找工作也是一种竞争力。当然，要清醒地认识到，较强的口头表达能力，还要有广博的知识做后盾，因此，学生还要加强诸如品德修养、学识修养、心理素质、应变能力、逻辑思维能力的培养。

要注重书面表达能力的培养，书面表达能力主要是指写作能力。要学会写规范的汉字，会用汉语拼音方案，具有基本的应用写作能力，书面表达能力要求文句具有逻辑性和条理性。表达能力在将来的工作岗位上是极为重要的。

（7） 创新能力。

创新能力是指在学习前人知识、技能的基础上，提出新的见解和做出新的发明的能力。

创新能力包含几个方面，即找问题、出思路、想办法、巧实现、能表达。同学们要注重培养创新思维、创新精神和创新能力。实践证明，学生从事创新活动是可行的，也是可以取得成功的。例如，在老师的指导下积极参加全国竞赛等活动。

首先，要培养提出问题的能力，在学习或实验、实践的过程中善于提出问题。提出问题往往是人与生俱来的天性，是可贵的探索求知精神，是创造的萌芽。

其次，要培养多思路回答问题的能力，回答问题就是创造力的体现。用陈旧的方法回答问题是难有创新的，只有具有善于拓宽思路，有知识积淀的人才能打破常规，提出解决问题的新思路。

（8） 信息处理能力。

现代社会的主要标志是社会生活的信息化、数字化。现代社会中，信息作为一种重要的资源和财富越来越受到人们的重视。社会发展更多地依赖人类后天获取信息的多少、知识存储的多少以及处理信息资源的能力大小。只有那些善于收集、整理、分析、处理信息的人，才能不断地发展进步，才能获得事业的成功。

人在事业上的成功与占有信息和处理信息的能力是息息相关的。掌握信息越多，明辨是非的能力就越强，决策的空间就越大，并从中可以发现新的机遇和新的发展方向，拓展新的发展空间。如果一个学生处理信息的能力差，就会对新事物反应迟钝，停留在陈旧落后的思维方式和认识水平上，就会安于现状，失去很多发展的机遇，甚至成为发展的障碍。收集信息是处理信息的基础和前提。形成良好的信息收集意识，善于主动地利用多种渠道、多种方式，高效率地收集、吸纳有效信息。

信息社会必定是一个终身学习的社会。提高信息素养，必须强化博学观念，以求知若渴的精神，虚心向书本学习，向实践学习，向他人学习，尤其是刻苦学习与信息有关的知识和方法，以便能够迅速有效地发现和掌握有价值的信息。要处处留意，获取信息的渠道是宽广而通畅的，快捷众多的新闻媒体、四通八达的互联网络、层出不穷的参阅资料、日益广泛的社交场合等都是收集信息的重要渠道。及时记录、整理收集到的信息，机不可失，时不再来。

（9） 组织管理能力。

组织管理能力包括计划能力、组织实践能力、决断能力、指导能力和平衡能力。在目前毕业生就业市场上，具有一定的交往能力和组织工作能力的学生越来越受到用人单位的欢迎。许多单位挑选学生时在注重学业成绩的同时，对是否担任过学生干部、担负过社会工作很感兴趣。因为参加各类学生组织活动、从事学生工作的组织管理工作的学生，通常有较强的组织管理能力和团队协作能力。不具备管理方面的能力，只能充当配角。有的人尽管思想过硬，专业技能较强，却因缺乏组织管理能力，而失去成长的机会。所以毕业生在校期间应积极参加社会活动，尽量做一些社会工作，不断增强自己的组织协作能力。

（10） 实践动手能力。

实践动手能力是把创造性思维变成实际物质成果的动手能力，也称为实践操作能力，这种能力对于学生来说尤为重要。工作中，在科研、生产第一线要求的是理论上能懂、实践中会干的人才。要求既能用专业理论知识分析解决工程实践问题，又能动手干出样子来。学生在学校学习中不仅要积累知识，还要通过参加实践活动，珍惜生产实习和勤工俭学等机会，着力培养和提高实际动手能力。

实践能力的培养要从进入校门时做起。积极参加社会实践，如勤工助管、助学活动和各种协会活动等实践环节都是有益的能力训练机会，它不仅是对学生智力和能力的检验和训练，而且是培养和锻炼自学能力、综合运用能力和实际动手能力以及创造性思维能力、独立开展工作能力的系统训练。通过这种活动机会，可以增加其对未来工作环境、工作性质、工作要求以及自己所学专业应用的全面了解，从而发现自己的长处和不足，明确适应未来工作学习努力的方向。另外，通过这种活动，还能培养和提高分析问题和解决问题的能力。

参加各种资格考试也是一种能力训练，各种各样反映自己能力的证书被形象地称为“护照”。

五、职业化人才必备的素质

已经进入职场的毕业生，尽快转换成职业化人才是当务之急。毕业生的职业化程度的高低决定了他未来的发展，是否具备职业化的意识和职业化的技能、知识，直接决定了发展的潜力和成功的可能。

毕业生走上工作岗位，要成为一个现代化的技工，必须紧跟时代步伐，用最新的理念和技能武装自己，以在激烈的人才竞争中获得一席之地，并能很快脱颖而出，获得更多的发展机会和更大的发展前途。

香港光华管理学院、著名国际战略管理专家林正大先生认为，一个职业化的人才必须具备五项素质，分别是动机、知识、行动、技能和良好的习惯。这五项技能的英文首字母的组合为 MKASH，即所谓的职业化人才的 MKASH 原则。

他将这五项必备素质比喻为一个车轮，象征车轮带动人才滚滚向前之意。

（1） M，即 Motivation（动机）。动机就像车轮的轴心，处于核心地位，动机的大小和强弱决定了车轮的运转速度和运行状况，积极心态影响下的动机会加速车轮的运转，同样可以加速人才的成功与成长；反之，消极心态影响下的动机则对人才的成长不利，不但不利于人才的成长，而且起到了很大的破坏作用。所以我们必须正确认识动机对我们成功的激励性作用，积极调整自己的心态，以积极的心态面对工作和挑战，不断激励与超越自我，实现我们的目标和远景。

其余的 4 项素质就像车轮的 4 根撑条，支持车轮的运转。

（2） K，即 Knowledge（知识）。做任何一项工作，首先要具备的就是应对这份工作的专业知识，要做得好还得具备与其相关的其他知识，以形成自己的知识体系，支持工作的开展。我们说职业化的人才必须具备专业化知识，做管理的懂管理知识，做财务的懂财务知识，做营销的懂营销知识。没有专业化的知识，无论如何也无法做到职业化，也就无法在激烈的竞争中得到认可，更谈不上发展进取，所以专业化的知识很重要。

（3） A，即 Action（行动）。具备了良好的动机，专业化的知识，熟练的技能水平是不是就可以了呢？不是。接下来一个重要的素质就是行动的能力。有的人方方面面都比较优秀，知识水平很高，能力很强，可就是做不出出色的工作业绩。原因就处在行动能力欠缺上。汤姆·彼得斯说过：快速制定计划并采取行动应该成为一种修养。要想成为一个职业化的人才，就必须改掉犹豫不决、瞻前顾后、拖拖拉拉的办事作风，在自己认准的事情上认认真真地采取行动，用行动来证明一切，而不是自己的惯性的假想。

（4） S，即 Skill（技能）。技能是支持人才开展工作的必要手段。只有知识，没有技能，也是寸步难行的，试想，一个管理人员不具备沟通的技能，怎么与人沟通，怎么开展工作，没有人际交往技能，怎么与同事合作，怎么管理下属。这些都是我们必须掌握的基本技能，当然还有许多更高层次的技能需要掌握，要看我们做什么工作。技能的锻炼应该提高到与知识同等的高度，并高度重视，才可能将知识转化为力量，转化为效益。

（5） H，即 Habit（习惯）。习惯决定命运，这句话一点都不夸张。职业化的人才必须具备良好的习惯，无论是生活还是工作，都要时刻注意自己的习惯，改掉曾经的不好的习惯，慢慢养成职业化的行为习惯。良好的习惯给人美的印象和感觉，能在一定程度上帮助你成功。

六、优秀员工必备的素质

毕业生到企业工作，要成为企业的优秀员工，必须要做到以下十个方面。

（1） 敬业精神。一个人的工作是他生存的基本权利，有没有权利在这个世界上生存，看他能不能认真地对待工作。能力不是主要的，能力差一点，只要有敬业精神，能力会提高的。如果一个人的本职工作做不好，应付工作，最终失去的是信誉，再找别的工作、做其他事情都没有可信度。如果认真做好一个工作，往往还有更好的、更重要的工作等着你去做。这就是良性发展。

（2） 忠诚。忠诚建立信任，忠诚建立亲密。只有忠诚的人，周围的人才会接近你。企业在招聘员工的时候，绝对不会去招聘一个不忠诚的人；客户购买商品或服务的时候，绝对不会把钱交给一个不忠诚的人；与人共事的时候，也没有人愿意跟一个不忠诚的人合作。

（3） 良好的人际关系。良好的人际关系会成为你这一生中最珍贵的资产，在必要的时候，会对你产生巨大的帮助，就像银行存款一样，时不时地少量地存，积少成多，有急需时便可派上用场。难怪美国石油大王洛克菲勒说：“我愿意付出比天底下得到其他本领更大的代价来获取与人相处的本领”。

（4） 团队精神。在知识经济时代，单打独斗的时代已经过去，竞争已不再是单独的个体之间的斗争，而是团队与团队的竞争、组织与组织的竞争，许许多多困难的克服和挫折的平复，都不能仅凭一个人的勇敢和力量，而必须依靠整个团队。作为一个独立的员工，必须与公司制定的长期计划保持步调一致。员工需要关注其终身的努力方向，如提高自身及同事的能力，这就是团队精神的具体表现。

（5） 自动自发地工作。充分了解工作的意义和目的，了解公司战略意图和上司的想法，了解作为一个组织成员应有的精神和态度，了解自己的工作与其他同事工作的关系，并时刻注意环境的变化，自动自发地工作，而不是当一个木偶式的员工。

（6） 注重细节，追求完美。每个人都要用搞艺术的态度来开展工作，要把自己所做的工作看成一件艺术品，对自己的工作精雕细刻。只有这样，你的工作才是一件优秀的艺术品，也才能经得起人们细心地观赏和品味。注重细节，追求完美，细节体现艺术，也只有细节的表现力最强。

（7） 找方法提高工作效率。遇到问题就自己想办法去解决，碰到困难就自己想办法去克服，找方法提高工作效率。在企业里，没有任何一件事情能够比一个员工处理和解决问题，更能表现出他的责任感、主动性和独当一面的能力。

（8） 为企业提好的建议。为企业提好的建议，能给企业带来巨大的效益，同时也能给自己更多的发展机会。为了做到这一点，你应尽量学习了解公司的业务运作的经济原理，为什么公司业务会这样运作？公司的业务模式是什么？如何才能盈利？同时，你还应该关注整个市场动态，分析总结竞争对手的错误症结，不要让思维固守在以前的地方。

（9） 维护企业形象。企业形象不仅靠企业各项硬件设施建设和软件条件开发，更要靠每一位员工从自身做起，塑造良好的自身形象。因为，员工的一言一行直接影响企业的外在形象，员工的综合素质就是企业形象的一种表现形式，员工的形象代表着企业的形象，员工应该随时随地维护企业形象。

（10） 与企业共命运。企业的成功不仅仅意味着老板的成功，更意味着每个员工的成功。只有企业发展壮大了，员工才能够有更大的发展。企业和员工的关系就是“一荣俱荣，一损俱损”。不管最开始是你选择了这家企业，还是这家企业选择了你，你既然成为了这家企业的员工，就应该时时刻刻竭尽全力为企业做贡献，与企业共命运。

第三节 职来职往——你准备好了吗

经过几年刻苦的学校学习生活，如今的你即将踏入社会，走入人生的新阶段——职场，要成为一名合格的职场新人还是自甘“啃老”做个逃兵，年轻的你准备好了吗？登上这个人生新舞台，是什么能让一个曾经稚气的中职生成为一位成功的创业者？如何审视自身，把握机会，积累经验，勇敢地面对职场生活？网上求职靠谱吗？“先就业，后择业”的观念引领你去选择合适的跳槽机会吗？当这些问题在困扰着你的时候，很庆幸你已经懂得思考自己的人生方向，欲与天公试比高了！

一、中职毕业生常见求职心理误区

面对即将开始的顶岗实习，也许你是诚惶诚恐地接受了学校的推荐安排，但是接下来要面对的求职途径、面试等也将极大地考验着你的能力与耐心。在这个过程中，你是否经历了焦灼不安的等待、欣喜若狂的期盼、浪漫美好的憧憬？你的选择是否也有过一些误区？

（一）常见求职心理误区

心理误区是指人在心理上特别是在认识和人格上陷入无出路而不能自拔的境地，且本人对此又缺乏意识的状态。学生在求职择业中，特别是初次求职的过程中常见的心理误区有以下几种。

误区之一：选择的自由度越大越好。

临近毕业了，很多企业、单位都在招贤纳士。此时毕业生面临着多种选择，主动权也紧紧握在手上，因此不少毕业生认为“还有下一个”、“还有更好的”，始终不能定下目标，殊不知，企业用人最忌讳的正是“用情不专”、“这山望着那山高”的毕业生。而等到招聘的旺季过去，很多企业都已招到了合适的用工者，这时毕业生早已丧失了适合自己的工作机会。

误区之二：我不能比别人差。

纷繁的求职机会给了毕业生更多选择，有的毕业生在面对求职机会时抱定了一个信念：我不能比别人差。这本来是一种自强不屈的精神，但是有的同学盲目自信，不能认真结合自己的专业所长和知识、能力水平，高估了自身反而错失发展机会。

误区之三：要去就去沿海或大城市。

不可否认，沿海或大城市的发展环境要优越于内陆地区、中小城市。有的同学对自身的心理承受能力估计不当，当进入沿海或大城市工作后无法承受当地的快节奏生活以及工作环境，加之自身人际交往能力较弱，无法及时转移负面情绪，或者沉溺于网络，或者结交不当朋友而影响了工作，甚至丢了工作。

（二）网络求职新心态

近年来，互联网的发达和便捷为求职者提供了广阔的求职机会，网络招聘会也屡见不鲜。越来越多的中职毕业生在求职时也借助于各类人才网发布的信息平台参与到激烈的竞争中，进而呈现出了网络求职的新心态。

心态一：病急乱投医。

求职是一项艰苦的工作，频繁的面试机会考验着你对获得工作的热情与耐受力。有的同学在浩瀚的网络求职中投出了无数简历却没有获得太多面试机会，因此会失去耐心导致出现“病急乱投医”的简单求职行为。

心态二：不敢尝试，无法沟通。

中职毕业生对社会的了解程度不深，因而在面对网络求职时往往对招聘单位的真实性、正规性无法判断，甚至遭遇欺骗而蒙受经济损失，这让有的求职者不敢再尝试网络求职，采取自我封闭的方式拒绝沟通，也体现了中职生在特定的年龄阶段处理问题的片面性和局限性。

二、调整心态，从容应对

我们常说“良好的开始是成功的一半”。良好的心态是决定成功的关键。当你做好了一切准备，就能承受职场的风云变幻。

（一）心态决定一切

☆一个人说：“太阳每天都要落下去！”

☆一个人却说：“太阳每天都会升起来！”

思考：不同的表达也流露出不同的心态。你是哪种心态呢？

“一个人想要得到的，都由你的心态决定。”——佚名

两个人从同一扇窗子往外看，一个看到的是满地的泥泞，一个看到的是满天的繁星。这说明对同一件事情的态度并不完全取决于事情的本身，还有赖于人的主观能动性。一份职业对于从业群体中的任何一个个体来说，其认知和感受程度都应该说是差不多的，而能改变的只有个体的心态。以积极的心态来面对职业，并将它当作自己追求的事业，工作起来就会心情顺畅，充满激情和创造，就可能有所建树。反之，消极地面对工作，被动地应付差事，就会索然寡味，难以有所作为。

（二）客观评价自己、走出心理误区

择业中的许多心理问题都与不能正确认识和分析自我有关，择业时毕业生必须对自己的实力、就业期望做出客观的分析和正确的定位，要清楚自己喜欢什么样的职业，需要什么样的职业，适合什么样的职业，要是自己的职业选择与社会需求相适应，与自身发展相吻合，要积极主动地到就业市场中去推销自己，寻找适合自己的工作，从容面对用人单位的选择。

客观地评价自己，正确地认识自我，解剖自己，改正自己的缺点和不足，扬长避短，从失败中吸取教训，在困惑中静思，在实践中总结经验，把握机遇，积极寻找成功就业机会。

（三）调整心态、从容应对

人的心态有积极和消极之分，积极心态是一种进取的心态，消极心态是防卫的心态，积极心态有助于提高人的心理品质。在求职中偶尔出现不健康的心态是正常的，没有必要过度担心和害怕，当然对于不良心态要学会主动调整，必要时可向心理老师寻求帮助。成功者与失败者的不同之一就在于前者总能运用积极心态支配人生，他们始终用积极思考、乐观精神和坚强的意志控制自己。失败者则总是受制于压力、困难及疑虑的左右，其结果只能是失败。

管理界常说的一句话，“纪律是铁，人格是金”，具备完善而健康人格的人有着极大的魅力，这样的人格能成就自己的事业。健全人格培养不仅要依靠学校教育的力量，还应充分发挥学生自我教育的力量，通过参加各种丰富多彩的社会实践活动了解自我人格的不足和缺陷，从而弥补自己人格的不足，使自己的人格更加成熟。

1. 新生活是从确定目标开始的

案例

这是哈佛大学一个非常著名的关于目标对人生影响的跟踪调查。该项调查的对象是一群智力、学历、环境等条件都差不多的年轻人，调查结果发现：

27%的人，没有目标；

60%的人，目标模糊；

10%的人，有比较清晰的短期目标；

3%的人，有十分清晰的长期目标。

经过了 25 年的跟踪调查发现，他们的生活状况十分有意思……

3%——几乎不曾更改过自己的人生目标。25 年后，他们几乎都成了社会各界顶尖成功人士，他们中不乏白手创业者、行业领袖、社会精英。

10%——大都生活在社会的中上层。其共同特点是那些短期目标不断地达到，生活质量稳步上升。他们成为各行各业不可缺少的专业人士，如医生、律师、工程师、高级主管等。

60%——几乎都生活在社会的中下层面。他们能安稳地生活与工作，但都没有什么特别的成绩。

27%——几乎都生活在社会的最底层，生活都过得很不如意，常常失业，靠社会救济，常常在抱怨他人，抱怨社会。

由此可见，一个人一旦确立了明确的目标，即使职场生活遭遇挫折，仍然会风雨无阻地前行，而挫折不过是人生旅途中的一道亮丽风景。

2. 树立终身学习的观念

社会的快速发展使得我们的知识储备已经远远不能满足走上职场生活的需要，因此应树立起终身学习的观念，不但要学习从事职业工作所需的专业知识，还要勤于思考，完善个人性格，增强人际交往的能力，使学习的内容扩大，内涵增加，才能适应职场需要，并为自身走上创业之路做好铺垫。

故事：

十三年前，广西银行学校金融专业毕业生曾剑，和许许多多同龄人一样，怀着对未来无限的憧憬，在期盼中迎来了毕业的日子。

当时，“以市场为导向，学生与用人单位双向选择”的就业模式已渐渐地被众人接受。考虑到自己的兴趣所在，以及能否有个充分发挥自己才能的工作环境，年仅十八岁却独立有主见的曾剑，选择进入广西南宁国际大酒店做一名收银员，这是她的第一份工作。

刚做收银员，难免碰上员工和顾客对“职场新人”有意无意的“刁难”。这时得想法子除去自身“学生娃”的浮躁，诚心诚意多向老员工请教，耐着性子认真细致地把经手的每一件事情尽力做好，要不停地打磨自己。回忆起往事，曾剑笑着说：“当年我还真无师自通地用上了心理暗示法。烦躁、委屈甚至打退堂鼓的时候，我就在心里默念：虽然我是中职生，就算我是中职生，我的能力、技术未必会比别人差。只要给我时间，我定能证明一切！”

三年之后，曾剑在她的职业生涯里迎来了新的里程碑。凭借“勤学好问，用心做事”的处世风格，曾剑受到周边同事的一致好评，她出色的工作也得到了领导的认可和关注。于是“最佳收银员”、“优秀员工”等荣誉随之而来，这是对她工作能力的肯定。领导因赏识而有意要提拔她的风声又激励了她更上一层楼的想法。但此时，另一个拥有高学历的人员也让领导难以割舍。最后曾剑没有得到这个晋升的机会。经过深思熟虑，曾剑决定边工作边到广西教育学院进修。待她学成归来，又面临取舍：是留在原单位继续工作，还是以全新的面貌去尝试更高难度的挑战？勇于进取的她选择了后者。进修后，视野更为开阔，曾剑有了创业的念头。她深知私营企业竞争压力大，涉猎面广，但可以学到更多实用的东西，那会是很好的历练机会，能为日后的创业打下坚实的基础。曾剑抱着这样的心理，叩开了一家台资企业的大门，担任“广西华盟国际货物代理有限公司”财务部门的出纳员工作。

有了前面几年的历练，在新的岗位她很快就上手了。一段时间的考验之后，老板给予了她充分的信任，放手让她负责综合业务。于是，她接触到一些“零碎”的活儿，比如帮公司员工办理保险、与政府职能部门打交道、安排公司的业务应酬等。曾剑没有一丝偷懒心理，毫无怨言地尽心尽力完成接手的任务。无形中，工作涉猎的领域愈加宽广，她的人脉关系也越拓越广。如果说前一份工作是适应社会，积累经验，那么这一份工作便是深入了解职业，了解社会，起到自我提高为今后的创业打下基础的作用。

到此为止，曾剑真真正正算得上融入社会，有了立足职场的资本！

——摘自广西八桂职教网

一个普通中职毕业生的创业故事，一个初入职场的新人，经过了刻苦的努力与磨合实现了最初的梦想，这告诉我们：人生处处起跑线，唯有信念永不变。怎样认识、对待你的第一份工作决定了你如何演绎你的职场人生。

3. 坚持理想，慎待跳槽

对于企业来说，频繁更换工作的个人经历并不是一个好信号。任何一个企业都希望员工乐于工作，爱岗敬业。频繁更换工作的人常常被视为一个“用情不专”的员工。有的毕业生认为自己的工作过于机械、劳累，与现实差距太大，自己看不起自己所从事的工作，自然无法投入全部身心，得过且过，还有的人将大部分心思用在如何摆脱现在的工作环境，这样浮躁的人在任何地方都不会有大的作为。

小故事：

美国独立企业联盟主席杰克·法里斯年少时曾在父亲的加油站做着汽车清洗和打蜡的工作，一位有洁癖的老太太让法里斯吃了不少苦头。每当法里斯给她把车弄好的时候，她都要再仔细检查一遍，让法里斯重新打扫，直到清除每一点棉絮和灰尘，她才罢休。后来法里斯受不了了，就找他的父亲，表示要撂挑子。他的父亲告诫他：“孩子，记住，这是你的工作！不管顾客说什么或做什么，你都要记住做好你的工作，并以应有的礼貌去对待顾客。”

请你思考：这个故事告诉了你什么？

皮尔·卡丹曾经对他的员工说过：“如果你能真正地钉好一枚纽扣，这比你缝出一件粗制的衣服更有价值。”无论你所选择的工作是多么的不起眼，都不要觉得它没有价值。每一份工作都值得我们去做，不要小看自己所做的每一件事，即便是最普通的事，也应该全力以赴、尽职尽责地完成。小任务顺利完成，有利于你对重大任务的成功把握。一步一个脚印地向上攀登，便不会轻易跌落。通过工作获得成功的真正秘诀就藏在其中。

第四章　就业的劳动法律保护

《中华人民共和国劳动合同法》（以下简称劳动合同法）自 2008 年 1 月 1 日起施行。作为我国劳动保障法制建设进程中的一个重要里程碑，劳动合同法的颁布实施有着深远的意义。这部重要法律合理地规范了劳动关系，是民主立法、科学立法的又一典范，为构建与发展和谐稳定的劳动关系提供了法律保障，必将对我国经济社会生活产生深远影响。

近年来，随着《劳动合同法》、《就业促进法》、《社会保险法》等相继实施，我国逐渐形成以《宪法》为依据、《劳动法》为基础、《就业促进法》、《劳动合同法》、《社会保险法》、《劳动争议调解仲裁法》为主干、相关法律法规为配套的劳动保障法律体系。

2005 年 4 月 9 日，中共中央、国务院印发了《关于构建和谐劳动关系的意见》，提出依法保障职工基本权益。作为劳动者，你知道自己有哪些权益吗？带薪休假怎么争取？单位不缴纳社保违法吗？想涨工资谁为你做主？合法权益受到侵害怎么办？

第一节　劳动权利你知多少

引例

2007 年，江西某区劳动监察大队受理多起劳动保障方面的举报投诉案件。经调查，这些案件中劳动者与用人单位多未签订劳动合同。令人惊讶的是，其中多数竟是劳动者自己不愿与用人单位签订劳动合同，理由是签订合同会束缚自己的自由，影响自己将来跳槽或接私活。

想一想

应该怎样看待劳动者不愿与用人单位签订劳动合同的心态？
不签订劳动合同是利大还是弊大？

一、做明智的劳动者

劳动合同是劳动者与用人单位确立劳动关系、明确双方权利和义务的协议。建立劳动关系应当订立劳动合同。劳动合同对劳动者而言，是保障自己权益的有效武器，一旦与用人单位发生劳动争议，无论是举报投诉还是申请仲裁，没有合同为证会带来很多麻烦。所谓劳动关系，是指在社会过程中劳动者与用人单位之间发生的社会关系。比如，我们应聘到某企业就业，作为劳动者就必须按照企业的要求完成规定的生产任务；而企业也必须为此支付相应的工资报酬，这就是劳动关系。

我国劳动合同法立法宗旨是完善劳动合同制度，明确劳动合同双方当事人的权利和义务，是市场经济体制下用人单位与劳动者进行双向选择，确定劳动关系，明确双方权利和义务的协议，是保护劳动者合法权益的基本依据，同时保护劳动者的合法权益，构建和发展和谐稳定的劳动关系。

目前我国劳动用工中普遍实行劳动合同制度，将劳动合同制度化、法律化，明确劳动合同双方当事人的权利和义务，有利于建立稳定的劳动关系，减少劳动争议的发生，有利于保护劳动者和用人单位的双方的合法权益。因此，劳动合同法从构建和谐社会的大局出发，确立了构建和发展和谐稳定的劳动关系的最终目标。

二、劳动权利伴你左右

（一）平等就业与选择职业的权利

平等就业和选择职业是每个劳动者都拥有的劳动权利，所谓平等就业就是指在劳动就业中实行男女平等及民族平等的原则。招工时不得歧视妇女，不得歧视少数民族的劳动者，男女之间及不同民族之间应一视同仁。在录用职工时，除国家规定的不适合妇女的工种或者岗位外，不得以性别为由拒绝录用妇女或者提高对妇女的录用标准。在劳动和工作的调配方面应根据实际情况，对妇女予以必要的照顾。根据政策等对少数民族应有适当的照顾，在工资方面应贯彻同工同酬的原则。

案例【4-1-1】

王某到某公司应聘填写录用人员情况登记表时，隐瞒了自己曾先后 2 次受行政、刑事处分的事实，与公司签订了 3 年期限的劳动合同。事隔 3 日，该公司收到当地检察院对王某不起诉决定书。经公司进一步调查得知，王某曾因在原单位盗窃电缆受到严重警告处分，又盗窃原单位苫布被查获，因王某认罪态度较好，故不起诉。请问该公司调查之后，以王某隐瞒受过处分，不符合本单位录用条件为由，在试用期内解除了与王某的劳动关系是否合理?

【点评】

根据《劳动合同法》的规定，订立劳动合同，应当遵循合法、公平、平等自愿、协商一致、诚实信用的原则。同时，用人单位有权了解劳动者与劳动合同直接相关的基本情况，劳动者应当如实说明。本案中，王某在填写录用人员情况登记表时，隐瞒了自己曾先后 2 次受行政、刑事处分的事实，是一种不诚实，不善意的行为，违背了诚实信用原则。虽然签订合同是双方自愿的，但这种自愿是建立在虚假材料的基础上的，本质上是违背了平等自愿的原则。

（二）取得劳动报酬的权利

取得劳动报酬是每个劳动者都拥有的权利，它是指劳动者有权根据自己的劳动数量和质量及时得到合理的报酬，任何用人单位不得克扣或无故延期支付。

在我国，劳动者取得劳动报酬的分配方式是按劳分配。按劳分配是根据劳动者提供的劳动量给付报酬，多劳多得，少劳少得，不劳不得。

为给予劳动者必要的社会保护，国家实行最低工资保障制度。最低工资是指保障劳动者及其家庭的最低生活需要的工资，其具体标准由各省、自治区及直辖市人民政府规定，报国务院备案。如深圳市 2015 年最低工资标准调整为每月 2030 元（市内）；广州市 2015 年最低工资为每月 1895 元，梧州市 2015 年最低工资为每月 1400 元。

案例【4-1-2】

张悦到一家中外合资电子企业上班，进厂时未提出与厂方订立劳动合同。但与厂方口头约定，用工试用期为 6 个月，期满后视情况再定工作岗位。第一个月张悦领到工资 500 元，其他员工们告诉他，当地最低工资标准为 780 元，厂里支付给张悦的工资太低。张悦找到厂长询问，厂长解释说试用期属于不熟练劳动期，工资可以低于最低工资标准，张悦该怎么办？

【点评】

张悦所在单位的做法是错误的，用人单位支付试用期的劳动者工资不得低于最低工资标准。张悦要求企业支付不低于本市最低工资标准的工资，企业不得以任何理由予以拒绝。

（三）休息休假的权利

休息日是我国宪法规定的公民权利，这一权利的重要意义在于能够保证劳动者的身体和精神上的疲劳得以解除，借以恢复劳动能力。

我国实行每日工作 8 小时，平均每周工作 40 小时的工作制度。

在一般情况下，在法定的节假日期间，用人单位应当按照国家规定的休假天数安排劳动者休假，而不能任意组织加班。用人单位由于生产经营需要，经与工会和劳动者协商后可以延长工作时间，一般每日不得超过 1 小时；因特殊原因需要延长工作时间的，在保障劳动者身体健康的条件下延长工作时间每日不得超过 3 小时，但是每月不得超过 36 小时。

用人单位在符合法律规定的条件下延长劳动者的工作时间，必须向劳动者支付报酬，而且要支付高于劳动者正常工作时间的工资报酬。

有下列情形之一的，用人单位应当按照下列标准支付高于劳动者正常工作时间工资的工资报酬。

（1） 安排劳动者延长工作时间的，支付不低于工资的 150%的工资报酬。

（2） 休息日安排劳动者工作又不能安排补休的，支付不低于工资的 200%的工资报酬。

（3） 法定休假日安排劳动者工作的，支付不低于工资的 300%的工资报酬。

此外，我国还实行带薪年休假制度。劳动者连续工作一年以上的，享受带薪年休假。

案例【4-1-3】

某服装公司因为赶订单安排职工在十一节日期间加班，李珊等加班职工提出应当支付 300%的加班工资。该公司劳资部经理只同意给加班职工安排补休，不同意支付加班工资。李珊为此向当地劳动保障局劳动保障监察大队举报，请求纠正该公司的错误行为，维护自己的权益。

【点评】

劳动保障监察大队接到李珊的举报后，经调查取证，查明该公司安排职工法定休假日加班后以已安排补休为由未支付加班工资，违反了《劳动法》，责令该公司限期改正。该公司在劳动保障监察大队规定的期限内补发了李珊等职工的加班工资。

（四）获得劳动安全和卫生保护的权利

获得劳动安全和卫生保护是每个劳动者都拥有的劳动权利，在劳动生产过程中存在各种不安全和不卫生因素。如不采取措施加以保护，就会危害劳动者的生命安全和身体健康，甚至妨碍生产的正常进行。劳动者有权要求改善劳动条件和加强劳动保护，保证在生产过程中能够安全和健康。

劳动者在劳动过程中必须严格遵守安全操作规程，对用人单位管理人员违章指挥及强令冒险作业等有权拒绝执行；对危害生命安全和身体健康的行为有权提出批评、检举和控告。从事特种作业的劳动者必须经过专门培训并取得特种作业资格。

（五）接受职业技能培训的权利

职业技术培训是为了培养和提高人们从事各种职业所需的技术业务知识和实际操作技能而进行的教育和训练，劳动者有权要求接受这种教育和训练。

职业培训是国民教育体系的一个重要组成部分，用人单位应当建立职业培训制度，按照国家规定提取和使用职业培训经费。根据本单位实际，有规划地对劳动者进行培训。从事技术工种的劳动者，上岗前必须经过培训。

（六）享受社会保险福利的权利

享受社会福利保险是每个劳动者都拥有的劳动权利，我国宪法明确规定："中华人民共和国公民在年老、疾病或者丧失劳动能力的情况下，有从国家和社会获得物质帮助的权利"。劳动者享受的社会保险和福利权也就是劳动者享受的物质帮助权。

用人单位和劳动者必须依法参加社会保险，缴纳社会保险费。国家鼓励用人单位根据本单位实际情况为劳动者建立补充保险，提倡劳动者个人进行储蓄性保险。将基本保险、补充保险和储蓄性保险相结合，使劳动者享受的社会保险待遇得到切实保障。

案例【4-1-4】

2006 年 2 月，劳动保障监察部门接到劳动者举报，称上海益而益电器制造有限公司使用外来从业人员不缴综合保险费。劳动保障监察部门随即对该单位实施监察，经查该公司是一个生产电器和机电产品的企业，公司共有外来从业人员 570 多名。但是公司只为其中的 45 名管理人员和业务骨干缴纳了综合保险费，漏缴了 500 多名外来从业人员的综合保险费。劳动保障监察部门当即责令单位限期改正，为这些外来从业人员补缴综合保险费。目前，该单位已全部改正，补缴综合保险费 38 万多元。

（七）提请劳动争议处理的权利

劳动争议是指企业、事业组织、国家机关、社会团体、个体经济组织和与之形成劳动关系的劳动者之间，因劳动引起的权利义务关系而发生的纠纷。劳动争议涉及劳动者的健康安全、工作和生活的各个方面，关系到劳动者的切身利益。因此一旦劳动争议出现，劳动者就有权请求处理。

用人单位与劳动者发生劳动争议，当事人可以依法申请调解、仲裁并提起诉讼，也可以协商解决。解决劳动争议应当根据合法、公正和及时处理的原则，依法维护劳动争议当事人的合法权益。

（八）劳动者在劳动关系中的义务

劳动者在享受上述各项劳动权利的同时，还应当履行相应的劳动义务。劳动者应当完成规定的劳动任务，只有完成规定的劳动任务，才能得到相应的报酬。劳动者应当自觉地接受训练，并学习业务技术，提高职业技能，以适应现代化生产的需要。为了劳动者的自身安全和健康，劳动者还应当自觉严格执行劳动安全规程和规则。此外，劳动者还应当自觉遵守劳动纪律和职业道德，并履行法律规定的其他义务。

我国劳动者的劳动权利和劳动义务是平等和一致的，劳动者平等享受劳动法规定的权利，同时平等地承担劳动法规定的义务。劳动者不能只享受权利，不尽义务。也不应只尽义务，不享受权利。

综合应用

（1） 学生秦祖汉因家庭困难到当地某公司打暑假工，公司给他一个月的试工期，试工期不算工资。试工期过后实行计时工资，以 2.5 元/小时支付秦祖汉的劳动报酬（当地的最低工资标准为每月 435 元）。请问：公司的做法合法吗？为什么？

（2） 某公司因订单多，外商催货急，10 月 1 日到 10 月 7 日不放假，安排员工加班。之后公司不支付员工加班费，而是提出让员工在淡季时补休。请问：公司这样做合法吗？如果你是人事经理，应如何合法处理？

第二节　带好你的法律盾牌

引例

一、劳动合同的概念

根据《劳动法》第十六条的规定，劳动合同是指劳动者与用人单位确立劳动关系，明确双方权利和义务的协议。

劳动合同是确立劳动关系的法律凭证和法律形式，是促进劳动力资源合理配置的重要手段，有利于避免或减少劳动争议。劳动合同的条款分为法定条款和协商条款。法定条款是指法律、法规规定必须协商约定的条款；协商条款是根据工种、岗位的不同特点，以及双方各自的具体情况，由双方选择协商约定的具体条款。

二、劳动合同的签订

（一）劳动合同的签订原则

（1） 合法原则。

合法原则要求劳动合同的形式合法和内容合法。按照劳动合同法的规定，除非全日制用工外，都应当以书面形式订立劳动合同。劳动合同内容必须具备必备条款，且内容不得违反法律规定。

（2） 公平原则。

公平原则要求劳动合同内容公平合理，用人单位不得以强势地位压制劳动者而制定显失公平的合同条款。

（3） 平等自愿原则。

平等自愿原则是指劳动者和用人单位在订立劳动合同时法律地位平等，订立劳动合同完全是出于劳动者和用人单位双方的真实意思的表示，出于自愿而签订。

（4） 协商一致原则。

协商一致原则是指合同条款是经双方协商一致达成的，任何一方不得把自己的意志强加给另一方，不得强迫订立劳动合同。

（5） 诚实信用原则。

诚实信用原则是一项社会基本道德原则，为人处世均应当遵循该原则。用人单位和劳动者在订立劳动合同时要诚实，讲信用，不得欺诈对方。根据劳动合同法的规定，用人单位招用劳动者时，应当如实告知劳动者工作内容、工作条件、工作地点、职业危害、安全生产状况、劳动报酬，以及劳动者要求了解的其他情况；用人单位有权了解劳动者与劳动合同直接相关的基本情况，劳动者应当如实说明。

案例【4-2-1】

2004年11月，马来西亚航空公司（以下简称马航）委托北京外航服务公司（以下简称外航服务公司）在外航服务公司发布了马航在中国招聘中国籍空乘的招聘广告。8位女性于2004年12月至2005年2月参加并通过了初试、复试和体检，并被确认录用。2005年2月至6月间，这8位女性应马航和外航服务公司的要求办理了相关政审手续，并将政审材料和办理马来西亚工作证所需的材料寄给了外航服务公司。后8位准空姐多次询问马航和外航服务公司，两公司均称正在办理手续，要求8位准空姐在家耐心等待。直到2006年9月8日，在北京建国饭店，马航和外航服务公司告知这8位准空姐，马来西亚航空公司放弃对其的聘用，同时要求她们在其拟好的内容为“我自愿放弃马航的聘用，自愿放弃向马航索赔的权利”的中英文“放弃书”上签字，而且声称如果原告签署了“放弃书”，便可拿到11000元人民币的“礼物”，否则便无法获得该“礼物”。因“放弃书”显失公平，8名准空姐毅然拒绝签署。

【点评】

2008年6月下旬，法院经审理认为，招聘者与应聘者在合同的订立过程之中，均享有订约自由。但是，磋商过程中双方应遵从诚实信用原则。如果在订约过程中，招聘单位以其行为导致应聘者形成合理信赖，应聘者依据该合理信赖从事相应行为导致损失的，招聘单位应对该损失承担损害赔偿责任。外航公司受马航要求为其招聘空乘，与马航之间系劳务派遣关系。因此，马航对外航公司在按其要求进行招聘活动中对应聘者应承担的民事责任应承担连带责任。鉴于除法定情形外，不应强制招聘单位与应聘者建立劳动关系，因此原告要求二被告继续聘用的请求未获支持。

（二）劳动合同的签订程序

用人单位与劳动者是两个平等的社会主体，订立劳动合同一般需要经过的程序如下。

（1）双方协商合同的条款。

（2）达成一致后双方签字或者盖章。用人单位盖法人的章，必要时书面委托所属的有关部门代为盖章，或者由法定代表人签字或者受委托人代为签字；劳动者应自己签字，遇到极特殊的情况，如因故出远门而合同又必须及时订立时，也可书面委托他人代签。

（3）为保证合同的有效性，可以送劳动行政部门进行审核、鉴证。

（4）劳动合同一般应一式两份，用人单位与劳动者各持一份，若劳动鉴证部门需要，也可一式三份。

案例【4-2-2】

关平与公司签订了一份三年期的劳动合同，但是在送到劳动行政主管部门签证完毕后，公司以替职工统一保存为由，没有将合同交给关平。两年后，关平工作时受伤，要求公司给予工伤待遇，遇到拒绝，关平又拿不出劳动合同证明双方的关系，一时陷入两难的境地。

【点评】

《劳动合同法》第十六条明确规定：“劳动合同文本由用人单位和劳动者各执一份。”实践中，有的用人单位只让劳动者在空白的劳动合同书上签字，不让劳动者知晓劳动合同的内容，或者以种种理由拒绝将劳动合同书交给劳动者，造成劳资双方的信息严重不对称。这种情况下，一旦发生纠纷，劳动者就处于无“据”可查的处境，即说不清工资多少，不知道执行什么工时，有时连是否与公司存在劳动关系都无法证明，导致自己的利益受到侵害。实际上，用人单位拒不将劳动合同书交给劳动者，是要负法律责任的。用人单位提供的劳动合同文本未载明本法规定的劳动合同必备条款或者用人单位未将劳动合同交付劳动者的，由劳动行政部门责令改正；给劳动者造成损害的，应当承担赔偿责任。广大劳动者一定要学会利用法律武器维护自己的合法权益。

（三）劳动合同签订的注意事项

在签订劳动合同时，要注意以下几方面。

（1） 合同的形式：合同必须要有双方当事人，有合同条款，有日期，合同为一式两份，劳动者一份，用人单位一份。

（2） 合同的内容：一份有效的劳动合同包括合同期限，工作内容，劳动保护和劳动条件，工作时间，休息休假，劳动报酬，劳动纪律，劳动合同终止的条件，违反劳动合同的责任，以及合同双方当事人认为应当协商约定的其他内容。

（3） 试用期：劳动者注意试用期的期限是否合法，并在合同上注明试用期的长短。

（4） 明确工资类型及发放工资周期：要明确工资是税前工资还是税后工资。

（5） 关于五险一金：五险，包括养老保险、医疗保险、失业保险、工伤保险和生育保险，“一金”指的是住房公积金。

（6） 明确双方违反劳动合同的责任：违约责任是合同中必不可少的条款。

（7） 注意格式合同：格式合同，又称标准合同、定型化合同，是指当事人一方预先拟定合同条款，对方只能表示全部同意或者不同意的合同。在签订合同时如果发现用人单位出具格式合同，最好提出异议，要求共同商议订立合同。

（8） 注意培训及其费用。

（9） 谨防“押金”、“风险金”。

（10） 保护好自己的证件：用人单位只有权利拿走劳动者证件的复印件，而没有权利向劳动者索要原件留底。

（11） 注意用人单位的签字：签字时最好能在一定的场合并双方一起签字，有些用人单位使用公章，大家一定要确定此公章是否是用人单位对外使用代表自己身份的公章。

三、劳动合同的形式和内容

劳动法第十九条规定，建立劳动关系，应当订立书面劳动合同。劳动合同法强调劳动合同的书面化，不管订立、变更、解除、终止一律采取书面形式；已建立劳动关系，未同时订立书面劳动合同的，应当自用工之日起 1 个月内订立书面劳动合同；劳动者拒不签订劳动合同的，保留相关证据，比如向劳动者送达签订合同通知书证据等；对现在尚未签订书面劳动合同的尽快补签合同。

劳动合同应当以书面形式订立，并具备以下必备条款。

（1） 用人单位的名称、住所和法定代表人或者主要负责人。

（2） 劳动者的姓名、住所和居民签身份证或者其他有效身份证件号码。

（3） 劳动合同的期限。

（4） 工作内容和工作地点。

（5） 工作时间和休息休假。

（6） 劳动报酬。

（7） 社会保险。

（8） 劳动保护、劳动条件和职业危害保护。

（9） 法律、法规规定应当纳入劳动合同的其他事项。

劳动合同除前款规定的必备条款外，用人单位与劳动者可以约定试用期、培训、保守秘密、补充保险和福利待遇等其他事项。

实践中，存在不少事实劳动关系，事实劳动关系是指无书面合同或无有效书面合同形成的劳动雇佣关系以及口头协议达成的劳动雇佣关系。事实劳动关系的确认需存在雇佣劳动的事实。事实劳动关系的认定，一般应具备下列条件：第一，用人单位向劳动者支付劳动报酬；第二，劳动者付出劳动是用人单位业务的组成部分或劳动者实际接受用人单位的管理约束；第三，允许劳动者以用人单位员工的名义工作；第四，劳动者在用人单位工作必须达到一定的期限。

案例【4-2-3】

劳 动 合 同

甲方：
用人单位名称：

乙方：
姓　　　名：________________

甲方基本情况
名称：
住所：
法定代表人：
主要负责人（委托代表人）：
联系电话：

乙方基本情况
劳动者姓名：________　　　　联系电话：________________
身份证号：____________________________
家庭住址：____________________________
紧急联系人：________　　　　联系电话：________________

根据《中华人民共和国劳动合同法》及有关的劳动法律、法规和政策规定，结合甲方相关制度和乙方岗位特点，遵循自愿、平等、协商一致的原则，甲乙双方一致同意订立如下条款，以明确双方的权利和义务，并期望双方保持良好的长期聘用关系。

第一章　合同期限

1. 试用期：
自____年____月____日起至____年____月____日止。
2. 合同期限：
合同自____年____月____日起至____年____月____日止。

第二章　工作内容与工作地点

1. 根据甲方工作需要和乙方自身技能特点，甲方聘用乙方在________部门从事________岗位（工种）工作，工作地点在________范围内。
2. 乙方工作内容界定以岗位职责说明书和甲方布置的阶段性或临时性工作要求为准。

第三章 工作时间与休息休假

1. 甲方实行标准工作制，每日工作不超过 8 小时，每周工作不超过_____小时。

2. 乙方应在规定的正常工作时间内完成本职工作，甲方不鼓励乙方加班。甲方安排乙方加班，应符合法律、法规的规定。甲方安排乙方延长工作时间又不能安排补休的，应支付不低于工资的 150%的工资报酬；甲方安排乙方休息日工作又不能安排补休的，应支付不低于工资 200%的工资报酬。甲方安排乙方法定节假日工作的，应支付不低于工资的 300%的工资报酬。

甲方对于国家规定的法定节假日、女员工生育假、带薪休假等休假应按照劳动法要求执行。甲方根据实际工作情况酌情安排乙方婚丧假期、女员工哺乳假、病假等。但乙方计划性的休假如生育假、带薪年假、婚假等应提前至少 30 天申请以便甲方安排工作，如遇直系亲属亡故、本人生病以及不可预见性的情况可临时申请临时安排。

第四章 劳动报酬

1. 双方根据甲方《薪酬管理制度》规定确定乙方岗位工资。甲方根据乙方现任职务和工作岗位，试用期工资为______元/月，约定工资为_______元/月（其中基本工资_______元，其他为岗位工资_____元）。个人所得税由乙方承担，并由甲方在工资发放时代扣代缴。

2. 乙方应发工资扣除个人应付费用后在次月 10 日以货币形式支付。遇不可抗力导致延迟发放须提前 1 个工作日说明。

第五章 社会保险和福利待遇

1. 甲方应根据国家和地方政府规定为乙方办理社会保险并缴纳有关费用，乙方应缴费用由甲方从乙方工资中代扣代缴。

2. 甲方可根据乙方服务时间、岗位特点酌情核发年功津贴、职务津贴以及其他福利待遇。

3. 甲方将根据社会经济增长水平和自身发展状况适时调整整体薪酬水平、完善员工福利制度。

第六章 知识产权、商业秘密和竞业限制条件

1. 乙方在工作期间或利用甲方资源所取得的技术开发成果、创新成果，其知识产权属于甲方。

2. 甲方的技术信息（包括专用技术、技术诀窍、非专利技术成果等）和经营信息（管理诀窍、客户名单、货源情报、产销策略等）属于商业秘密、技术秘密，乙方须保守秘密，不得对外泄露，不得用于个人谋利或者帮组他人谋利。给甲方造成的损失的，乙方应赔偿甲方损失和技术价值 10 倍的赔偿金。

3. 乙方在职期间和离职后 3 年内，不得在与公司业务有竞争关系的其他公司投资、兼职，不得从事与甲方业务有竞争关系的活动。如乙方所从事岗位甲方要求签订保密协议和竞业限制协议时，乙方应同意签订。

第七章　劳动合同的变更、解除和终止

（一）劳动合同的变更

用人单位与劳动者协商一致，可以变更劳动合同约定的内容。变更劳动合同，采取书面形式。变更后的劳动合同文本由用人单位和劳动者各执一份。

（二）劳动合同的解除

1. 甲乙双方经协商一致，劳动合同可以解除。

2. 乙方提前三十日以书面形式通知用人单位，可以解除劳动合同。乙方在试用期内提前七日通知用人单位，可以解除劳动合同。

3. 乙方有下列情形之一的，甲方可以解除劳动合同：

3.1 在试用期间被证明不符合录用条件的；

3.2 严重违反甲方规章制度的；

3.3 严重失职，营私舞弊，对甲方造成重大损害的；

3.4 同时与其他单位建立劳动关系，对完成甲方工作任务造成严重影响，或者甲方要求乙方不能与其他用人单位建立劳动关系，乙方拒不改正的；

3.5 违反劳动纪律，泄露甲方商业机密的；

3.6 被依法追究刑事责任的。

4. 甲方有下列情形之一，应提前30天以书面形式通知乙方解除本合同，并根据乙方为甲方服务年限支付一定的经济补偿金：

4.1 依照企业破产法进行重整的；

4.2 生产经营发生严重困难的；

4.3 转产、重大技术革新或者经营方式调整，经变更本协议后，仍需要裁减人员的；

4.4 本协议订立时所依据的客观情况发生重大变化，致使本协议无法履行的；

5. 乙方有下列情形之一的，甲方应当提前30日以书面形式通知乙方或者额外支付乙方1个月工资，并将理由通知工会后解除劳动合同：

5.1 乙方患病或非因工负伤，医疗期满后，不能从事原工作也不能从事由甲方另行安排的工作的；

5.2 乙方不能胜任工作，经过培训或者调整工作岗位，仍不能胜任工作的；

5.3 劳动合同订立时所依据的客观情况发生重大变化，致使原劳动合同无法继续履行，经甲乙双方协商不能就变更劳动合同达成协议的。

6. 乙方有下列情形之一的，甲方不得依照上述第3条情形解除劳动合同：

6.1 从事接触职业病危害作业未进行离岗前职业健康检查，或者疑似职业病在诊断或者医学观察期间的；

6.2 在甲方患职业病或者因工负伤并确认丧失或者部分丧失劳动能力的；

6.3 患病或者非因工负伤，在规定的医疗期内的；

6.4 在孕期、产期、哺乳期内的；

6.5 在甲方连续工作满15年，且距法定退休年龄不足5年的；

6.6 法律、行政法规规定的其他情形。

7. 甲方有下列情形之一的，乙方可以随时通知甲方解除劳动合同：

7.1 未按照劳动合同约定提供劳动保护或者劳动条件的；

7.2 未及时足额支付劳动报酬的;

7.3 未依法为乙方缴纳社会保费的;

7.4 甲方规章制度违反法律、法规的规定，损害乙方权益的;

7.5 以欺诈、胁迫手段或乘人之危，使乙方在违背真实意思的情况下订立或变更劳动合同的;

7.6 法律、行政法规规定劳动者可以解除劳动合同的其他情形。甲方以暴力、威胁或者非法限制人身自由的手段强迫乙方劳动的，或者甲方违章指挥、强令冒险作业危及乙方人身安全的，乙方可以立即解除劳动合同，不需事先告知甲方。

8. 在下列情况下，乙方不得解除劳动合同:

8.1 由甲方出资培训（包括送大，中专院校或者技工学校学习），培训后为甲方服务未满 3 年的;

8.2 属于技术骨干，承担某项重要工程的建设，改造任务而任务未结束的。

（三）劳动合同的终止

1. 在下列情形下，劳动合同终止:

1.1 劳动合同期满的;

1.2 乙方开始依法享受基本养老保险待遇的;

1.3 乙方死亡，或者被人民法院宣告死亡或者宣告失踪的;

1.4 甲方被依法宣告破产的;

1.5 甲方被吊销营业执照、责令关闭、撤销或者甲方决定提前解散的;

1.6 法律、行政法规规定的其他情形。

2. 甲方应在解除或者终止劳动合同时出具解除或者终止劳动合同的证明，并在 15 日内为乙方办理档案和社会保险关系转移手续；乙方应当按照双方约定，办理工作交接；甲方依照有关规定应当向乙方支付经济补偿的，在办工作交接时支付。

第八章　经济赔偿及违约金

1. 双方解除或者终止本合同的经济补偿金按照《中华人民共和国劳动合同法》和国家及省市有关规定执行。

2. 甲方依法裁员应提前 30 天以书面形式通知乙方，甲方根据乙方在甲方工作年限和乙方解除本合同前 24 个月的平均工资，工作每满 1 年支付 1 个月工资的经济补偿金，不满 1 年超过半年者按 1 年计算，工作不满半年者补偿半个月工资的补偿金，最多不超过 12 个月。同时对于签订敬业协议的乙方，甲方除上述经济补偿外，另需补偿乙方敬业工资。

3. 乙方违反甲方规章制度、玩忽职守、营私舞弊或违反本合同约定解除劳动合同，给甲方造成损失的，乙方应赔偿甲方损失。

4. 乙方违反本合同约定的保守商业秘密事项，给甲方造成损失的，乙方应赔偿甲方损失并向甲方支付违约金。

5. 甲方为乙方提供了专项培训费用的，乙方应为甲方服务 5 年。乙方违反服务期约定的，应向甲方支付培训费用及违约金。服务期为履行部分每满一年，乙方向甲方支付 20% 的培训费用作为违约金，不满一年的按一年计算。

第九章　双方协商约定的其他事项

1. 如因乙方原因对甲方造成损害或造成甲方经济损失，甲方保留对乙方的民事诉讼权利。

2. 乙方提出解除合同时，应至少提前三十日以书面形式通知甲方，以便甲方有足够的时间安排人员接替。

第十章　劳动争议处理和违反劳动合同的法律责任

本合同依法经双方签字或盖章订立后具有法律约束力，双方必须严格履行。如果发生劳动争议，双方可以协商解决，也可以依法申请调解、仲裁、提起诉讼。任何一方违反本合同约定，应当承担相应的法律责任。

第十一章　其他

1. 本合同一式三份，具有同等法律效力，甲乙双方各执一份，双方应妥善保管。

2. 乙方工作岗位职责说明书以及甲方的规章制度，作为本合同附件或相关约束条件，与本合同具有同等法律效力。

甲方（单位）盖章：　　　　　　　　　　　　乙方（劳动者）签字：

法人代表（或委托人）签字：

年　月　日　　　　　　　　　　　　　　　　年　月　日

四、劳动合同的期限

（一）劳动合同的三种形式及期限

劳动合同期限是指合同的有效时间，它一般始于合同的生效之日，终于合同的终止之时。任何劳动过程，都是在一定的时间和空间中进行的。在现代化社会中，劳动时间被认为是衡量劳动效率和成果的一把尺子。劳动合同期限由用人单位和劳动者协商确定，是劳动合同的一项重要内容，有着十分重要的作用。

根据《劳动合同法》的规定，劳动合同的期限分为 3 种：固定期限、无固定期限和以完成一定工作为期限。

（1） 固定期限劳动合同，是指用人单位与劳动者约定合同终止时间的劳动合同。用人单位与劳动者协商一致，可以订立固定期限劳动合同。固定期限的劳动合同可以是较短的半年、2 年，也可以是较长的 5 年、10 年，具体期限长短应根据用人单位情况、岗位情况和劳动者情况自主确定。

（2） 无固定期限劳动合同，是指用人单位与劳动者约定无确定终止时间的劳动合同。用人单位与劳动者协商一致，可以订立无固定期限劳动合同。

有下列情形之一，劳动者提出或者同意续签、订立劳动合同的，除劳动者提出订立固定期限劳动合同外，否则应当订立无固定期限劳动合同。

① 劳动者在该用人单位连续工作满十年的。

② 用人单位初次实行劳动合同制度或者国有企业改制重新订立劳动合同时，劳动者在该用人单位连续工作满十年且距法定退休年龄不足十年的。

③ 连续订立两次固定期限劳动合同，且劳动者没有劳动合同法规定的用人单位可以解除劳动合同的情形，续订劳动合同的。

④ 用人单位自用工之日起，满一年不与劳动者订立书面劳动合同的，视为用人单位与劳动者已订立无固定期限劳动合同。

（3） 以完成一定工作任务为期限的劳动合同，是指用人单位与劳动者约定以某项工作的完成为合同期限的劳动合同。用人单位与劳动者协商一致，可以订立以完成一定工作任务为期限的劳动合同。

案例【4-2-4】

某企业工程师王某在2008年之后已经先后与公司连续签订了两次劳动合同。可是当今年他的劳动合同到期的时候，公司提前一个月通知他不再续签劳动合同。王某认为，公司毫无征兆地终止劳动合同是不合理的。于是，他当即提出要求与公司签订无固定期限劳动合同，但是公司拒绝了。公司这么做，需要承担责任吗？

【点评】

该案例中王某的情况属于第三种情况。在符合上述前提的情形下，如劳动者本人已经向用人单位提出或者同意续订、订立劳动合同，用人单位应当订立无固定期限劳动合同。如果用人单位拒绝与劳动者订立无固定期限劳动合同的，劳动者可以向用人单位主张要求支付自应当订立无固定期限劳动合同之日起至签订无固定期限劳动合同之日期间每月二倍的工资。

（二）试用期期限

<table>
<tr><th>劳动合同期限</th><th>试用期</th><th>试用期工资</th></tr>
<tr><td>3 个月以下或以完成一定工作任务为期限的劳动合同</td><td>不得设定试用期</td><td rowspan="4">劳动者在试用期的工资不得低于本单位相同岗位最低档工资或者劳动合同约定工资的80%，并不得低于用人单位所在地的最低工资标准</td></tr>
<tr><td>3 个月≤劳动合同期限＜1 年</td><td>试用期≤1</td></tr>
<tr><td>1 年≤劳动合同期限＜3 年</td><td>试用期≤2</td></tr>
<tr><td>劳动合同期限≥3 年</td><td>试用期≤3</td></tr>
</table>

试用期，用人单位别太任性

案例【4-2-5】

常见情形一：多次约定试用期

2010年1月徐某被一家外商投资企业录用，主要从事企业产品销售工作。徐某上班后企业即与其签订了1年期劳动合同，并约定2个月的试用期，每月劳动报酬1400元，另外根据徐某的销售业绩予以提成。双方合同期满后，企业认为徐某不适应从事销售工作，调整其工作岗位为仓库发货员，并又与其续签了1年劳动合同，且又约定了2个月试用期。第二次试用期期间，徐某收到了企业解除劳动合同通知书，原因是徐某在试用期内几次犯错，徐某感到很突然，要求企业给个说法，但企业未予理会。于是，徐某只能将企业告到劳动仲裁，要求企业支付违法解除劳动合同的经济补偿金两倍的赔偿金。仲裁委员会依法予以受理。

【点评】

劳动合同的续订、劳动者离职后的再次招用，还是劳动者岗位发生变更，均不能成为用人单位与劳动者再次约定试用期的理由。仲裁委员会经过审理后认为，同一用人单位与同一劳动者在签订劳动合同时不能两次约定试用期。现在企业擅自约定两次试用期，并以试用期不符合录用条件为由单方面与徐某解除劳动合同系违法解除，故按照《劳动合同法》的有关规定，企业应该支付徐某经济补偿标准的两倍的赔偿金。

案例【4-2-6】

常见情形二：肆意解除劳动合同

某公司与余某签订劳动合同，期限为2008年8月25日至2011年12月31日，约定试用期为6个月，余某任前期开发部经理，试用期的工资为每月3000元。试用期期间，某公司向余某送达了终止试用期通知书，称根据其工作表现及《员工试用期转正考核制度》，决定终止试用，并解除劳动合同，工资支付至2008年12月。余某称从未见到过《员工试用期转正考核制度》，要求单位支付违法解除劳动合同的赔偿金。

【点评】

本案中，某公司未向法院提供招聘余某时工作岗位的录用条件及考核标准，也未提供证据证明其已将《员工试用期转正考核制度》告知余某，某公司向法院提供的证据不足以证明在试用期间余某不符合录用条件，故某公司与余某解除试用期合同，没有事实及法律依据，属违法解除劳动合同，某公司应当支付余某违法解除劳动合同的赔偿金15100元。

五、解除劳动合同的条件

（一）用人单位可以解除劳动合同的条件

劳动者有下列情形之一的，用人单位可以解除劳动合同。

（1） 用人单位与劳动者协商一致的。

（2） 在试用期间被证明不符合录用条件的。

（3） 严重违反用人单位的规章制度的。

（4） 严重失职，营私舞弊，给用人单位造成重大损害的。

（5） 劳动者同时与其他用人单位建立劳动关系，对完成本单位的工作任务造成严重影响，或者经用人单位提出，拒不改正的。

（6） 以欺诈、胁迫的手段或者乘人之危，使用人单位在违背真实意思的情况下订立劳动合同的情形致使劳动合同无效的。

（7） 被依法追究刑事责任的。

（8） 有下列情形之一的，用人单位提前三十日以书面形式通知劳动者本人或者额外支付劳动者一个月工资后，可以解除劳动合同。

a. 劳动者患病或者非因工负伤，在规定的医疗期满后不能从事原工作，也不能从事由用人单位另行安排的工作的；

b. 劳动者不能胜任工作，经过培训或者调整工作岗位，仍不能胜任工作的；

c. 劳动合同订立时所依据的客观情况发生重大变化，致使劳动合同无法履行，经用人单位与劳动者协商，未能就变更劳动合同内容达成协议的。

（9） 有下列情形之一，需要裁减人员二十人以上或者裁减不足二十人但占企业职工总数百分之十以上的，用人单位提前三十日向工会或者全体职工说明情况，听取工会或者职工的意见后，裁减人员方案经向劳动行政部门报告，可以裁减人员。

a. 依照企业破产法规定进行重整的；

b. 生产经营发生严重困难的；

c. 企业转产、重大技术革新或者经营方式调整，经变更劳动合同后，仍需裁减人员的；

d. 其他因劳动合同订立时所依据的客观经济情况发生重大变化，致使劳动合同无法履行的。

案例【4-2-7】

常见情形三：严重违反用人单位的规章制度

纪某于2007年10月19日进入某公司工作，2009年9月1日起任品保组长。2010年3月10日夜班期间，纪某与组员金某在车间内因嘉奖一事发生争议，金某先动手扯纪某头发，随后两人打成一团，后被人拉开。2010年3月15日，公司以纪某与金某在公司生产、生活区打架为由，根据公司《员工手册》第九章第十条第四款规定，给予纪某、金某开除处分。纪某不服，向劳动争议仲裁委员会申请仲裁，要求公司支付违法解除劳动合同的赔偿金。

【点评】

纪某于2010年3月10日夜班在公司内与金某打架属实；该公司提供的《员工手册》对申请人具有约束力；纪某作为品保组长，工作职责范围明确包括“全面负责评估本班品管人员工作奖励与惩罚事由的提报”；2010年3月10日夜班时组员金某对嘉奖事宜提出异议，纪某未能合理疏导以化解员工矛盾，能够避免而未能避免打架事件的发生，纪某关于员工金某先动手的辩解意见，并不能掩饰其作为品保组长未尽管理职责的重大过失及其还手与金某打架的事实。综上，纪某于2010年3月10日夜班在公司内与金某打架，已严重违反公司《员工手册》第九章第十条第四款之规定，公司据此与纪某解除劳动合同，并无不当，故对纪某要求公司支付违法解除劳动合同赔偿金的请求不予支持。

案例【4-2-8】

常见情形四：培训后仍不能胜任工作，某公司能否解除劳动合同？

赵某于2005年6月进入某公司工作，最近一期劳动合同期限为2008年6月1日至2011年5月31日。2010年5月，该公司进行重大技术革新，以淘汰原有落后产能，保持行业竞争优势，与技术革新前相比，新设备的操作程序及要求发生了根本变化，因此新设备生产厂商指派技术人员对该公司相关员工进行为期一个月的上岗前操作技术培训。经培训后，其他员工都能胜任工作，但赵某在实际上岗操作中出现多次失误，此后公司又有针对性地对赵某进行培训，但赵某仍不能完全掌握，以致无法胜任工作，因此公司书面通知赵某解除劳动合同，并承诺按照赵某在本公司工作年限支付经济补偿。赵某不服，向劳动争议仲裁委员会申请仲裁，要求某公司继续履行劳动合同。

【点评】

本案中，赵某经过两次培训仍不能掌握新设备的操作程序，不能胜任工作，以致无法适应公司技术革新的需要，某公司与赵某解除劳动合同，并无不当，故对赵某要求继续履行劳动合同的请求不予支持，但该公司应当按照法律规定支付赵某经济补偿。

（二）劳动者可以解除劳动合同的条件

有下列情形之一的，依照劳动合同法规定的条件、程序，劳动者可以与用人单位解除固定期限劳动合同、无固定期限劳动合同或者以完成一定工作任务为期限的劳动合同：

（1） 劳动者与用人单位协商一致的；

（2） 劳动者提前30日以书面形式通知用人单位的；

（3） 劳动者在试用期内提前3日通知用人单位的；

（4） 用人单位未按照劳动合同约定提供劳动保护或者劳动条件的；

（5） 用人单位未及时足额支付劳动报酬的；

（6） 用人单位未依法为劳动者缴纳社会保险费的；

（7） 用人单位的规章制度违反法律、法规的规定，损害劳动者权益的；

（8） 用人单位以欺诈、胁迫的手段或者乘人之危，使劳动者在违背真实意思的情况下订立或者变更劳动合同的；

（9） 用人单位在劳动合同中免除自己的法定责任、排除劳动者权利的；

（10） 用人单位违反法律、行政法规强制性规定的；

（11） 用人单位以暴力、威胁或者非法限制人身自由的手段强迫劳动者劳动的；

（12） 用人单位违章指挥、强令冒险作业危及劳动者人身安全的；

（13） 法律、行政法规规定劳动者可以解除劳动合同的其他情形。

案例【4-2-9】

尹某于2004年2月28日至2012年8月1日在蓬江区某运输队从事搬运工作，双方没有签订劳动合同，工作期间不需要考勤，工资以现金形式发放并签收，某运输队也没有为尹某参加社保和缴纳社保费。尹某多次向某运输队提出要求单位为其参保未果。尹某认为某运输队没有依法为其购买社会保险，严重违反劳动法，于2012年9月6日申请劳动仲裁，要求解除其与某运输队的劳动关系，并要求某运输队支付经济补偿金。蓬江区劳动人事争议仲裁委员会裁决支持尹某的仲裁请求。

案例【4-2-10】

陈敏于2009年到重庆上嘉房地产营销策划有限公司（以下简称上嘉公司）上班。2009年7月29日，上嘉公司制作了《考勤管理制度》，载明：旷工达三天以上（含三天）作自动离职处理。2009年10月1日，上嘉公司颁布的《重庆上嘉房地产营销策划有限公司员工手册》载明：员工请事假应事先以书面形式向部门主管申请，经部门主管批准予以生效；如未办任何手续或请假未经同意而缺勤者，一律作旷工处理；员工连续旷工三天，或一年内累积旷工七天的，公司有权解除合同。陈敏《2010年1月工资表》载明：应出勤26天、实出勤13.5天。2010年2月初起，陈敏就没有在上嘉公司上班，也未履行请假手续。2010年12月30日，陈敏以上嘉公司没有依法为其缴纳社会保险为由，申请仲裁，请求再次解除双方劳动合同关系并要求上嘉公司支付经济补偿金。

重庆市江北区人民法院经审理认为，陈敏2010年2月初起即没有在上嘉公司上班，亦没有证据证明其向上嘉公司请假并经上嘉公司同意，所以，应当认定自2010年2月初起陈敏已自动离职，其行为不符合用人单位支付职工经济补偿金的条件，因此对陈敏的诉讼请求不予主张。

（三）非员工严重过失不得解除劳动合同的条件

（1） 从事接触职业病危害作业的劳动者未进行离岗前职业健康检查，或者疑似职业病病人在诊断或者医学观察期间的；

（2） 在本单位患职业病或者因工负伤并被确认丧失或者部分丧失劳动能力的；

（3） 患病或者非因工负伤，在规定的医疗期内的；

（4） 女职工在孕期、产期、哺乳期的；

（5） 在本单位连续工作满十五年，且距法定退休年龄不足五年的；

（6） 法律、行政法规规定的其他情形。

备注：劳动者有下列情形之一的，否则用人单位不得解除以上几类劳动者的劳动合同：

（1） 严重违反用人单位的规章制度的；

（2） 严重失职，营私舞弊，给用人单位造成重大损害的；

（3） 劳动者同时与其他用人单位建立劳动关系，对完成本单位的工作任务造成严重影响，或者经用人单位提出，拒不改正的；

（4） 以欺诈、胁迫的手段或者乘人之危，使用人单位在违背真实意思的情况下订立劳动合同的情形致使劳动合同无效的；

（5） 被依法追究刑事责任的。

案例【4-2-11】

小亭是一家网络公司的员工，入职一年后被聘任为产品经理并签订了书面聘任协议。不久后小亭怀孕，由于孕吐严重，小亭请了半个月病假。然而，等小亭休完病假回公司后，却收到了一份任免决定。决定中写道，由于小亭没有认真履行工作职责，免去其产品经理的职务，工资也从9000元降到了5000元。人事经理告诉小亭，如果不同意这个决定，只能辞职走人。小亭无法接受岗位和薪资的调整，又怕丢了工作，只好向法院起诉。

法院经审理认为，根据劳动合同法的规定，如要变更劳动合同的约定，用人单位需与劳动者协商一致，并采用书面的形式进行变更。即便单位确实是出于保护孕期女职工而进行调岗和调薪，也需要提前与女职工协商。公司在小亭怀孕期间未经协商免除其职务，属于单方变更劳动合同行为，不符合法律规定。

六、违约责任与争议的处理

违反劳动合同的法律责任，是指一方当事人违反劳动合同给对方造成损失时，应承担的法律后果。承担违约责任的方式主要有支付违约金、赔偿损失或采取其他补救措施。

（一）用人单位的违约责任

1. 用人单位违反劳动合同的经济补偿责任（解除劳动合同的经济补偿责任）

（1） 经双方当事人协商一致、由用人单位解除劳动合同的，用人单位应根据劳动者在本单位工作年限，每满一年发给相当于一个月工资的经济补偿金，最多不超过12个月，工作时间不满一年的按一年的标准发给补偿金。

（2） 劳动者患病或者非因工负伤，经劳动鉴定委员会确认不能从事原工作，也不能从事用人单位另行安排的工作而解除劳动合同的，用人单位应按其在本单位的工作年限，每满一年发给相当于一个月工资的经济补偿金，同时还应发给不低于六个月工资的医疗补助费。患重病和绝症的，还应增加医疗补助费。患重病的增加部分不低于医疗补助费的50%，患绝症的增加部分不低于医疗补助费的100%。

（3） 劳动者不能胜任工作，经过培训或者调整工作岗位仍不能胜任工作，由用人单位解除劳动合同的，用人单位应按其在本单位工作的年限，工作时间表每满一年，发给相当于一个月工资的经济补偿金，最多不超过12个月。

（4） 劳动合同订立时所依据的客观情况发生重大变化，致使原劳动合同无法履行，经当事人协商不能就变更劳动合同达成协议，由用人单位解除劳动合同的，用人单位按劳动者在本单位工作年限、工作时间、每满一年发给相当于一个月工资的经济补偿金。

（5） 用人单位濒临破产进行法定整顿期间，或者生产经营状况发生严重困难，必须裁减人员的，由用人单位按被裁减人员在本单位工作的年限支付经济补偿金，在本单位工作的时间每满一年，发给相当于一个月工资的经济补偿金。

（6） 经济补偿金的工资计算标准是按企业正常生产情况下，劳动者解除合同前12个月的月平均工资；劳动者的月工资月平均工资低于企业月平均工资的，按企业月平均工资标准支付。除双方协商、劳动者不能胜任工作之外。

2. 用人单位违反劳动合同的赔偿责任

（1） 用人单位因违反劳动合同，造成劳动者工资收入损失的，按劳动者本人应得工资收入支付给劳动者，并加付应得工资收入的 25%的赔偿费用。

（2） 因用人单位违反劳动合同，造成劳动者劳动保护待遇损失的，应按国家规定补足劳动者的劳动保护津贴和用品。

（3） 因用人单位违反劳动合同，造成劳动者工伤，除按国家规定为劳动者提供工伤、医疗待遇外，还应支付劳动者相当于医疗费用 25%的赔偿费用。

（4） 因用人单位违反劳动合同，造成女职工和未成年工身体健康损害的，除按国家规定提供治疗期间的医疗待遇外，还应支付相当于其医疗费用 25%的赔偿费用。

（5） 劳动合同约定的其他赔偿费用，如违约金等。劳动合同法第五十二条规定，用人单位违反第二十四条内容之规定（第二十四条规定：订立劳动合同，用人单位不得以任何形式收取抵押金、抵押物、保证金、订金以及其他费用，也不得扣押劳动者的身份证及其他证明），由劳动和社会保障行政部门责令改正，并可以处以 1000 元以上 3 万元以下的罚款。

（二）劳动者的违约责任

（1） 劳动者违反劳动合同的约定解除劳动合同，劳动者必须承担用人单位招收录用其所支付的费用。

（2） 劳动者违反劳动合同的约定解除劳动合同，劳动者必须承担用人单位为其支付的培训费用。双方另有约定按约定办理。

（3） 劳动者违反规定或劳动合同的约定，解除劳动合同，对用人单位的生产、经营和工作造成直接经济损失的，劳动者必须承担赔偿责任。

（4） 劳动者违反劳动合同中约定的保密事项，给用人单位造成经济损失的，按《反不正当竞争法》第二十条的规定向用人单位支付赔偿费用。

（5） 用人单位与劳动者在劳动合同中约定的其他赔偿费用。

（三）第三方的法律责任

所谓第三方违反劳动合同的法律责任，是指劳动者在尚未与原用人单位解除劳动合同的前提下，又与第三方签订劳动合同，以致给原用人单位造成经济损失，该第三方应当向原用人单位依法承担连带赔偿责任的一种法律责任形式。

（1） 对原用人单位的生产、经营和工作造成的直接经济损失。

（2） 因获取原用人单位的商业秘密，且给原用人单位造成了经济损失，按《反不正当竞争法》第二十条的规定执行。

（3） 又据《赔偿法》第六条的规定，用人单位招用（第三方）尚未解除劳动合同的劳动者，对原用人单位造成经济损失的，除该劳动者承担直接赔偿责任外，该用人单位应当承担连带赔偿责任。连带赔偿责任份额不低于原用人单位造成的经济损失总额的 70%。

案例【4-2-12】

2007 年 12 月，周某应聘到一家配件公司，后来签订无固定期劳动合同。2012 年 7 月，公司为响应政府号召搬到新的生产区，员工也将全部到新厂区上班。

公司就搬迁事宜征求员工意见，周某等表示“孩子上学、路太远、晕车”，不同意到新厂址上班。公司向周某等人发出《报到上班通知》，通知 8 月 3 日前报到，否则按旷工处理。周某等人回函表示，公司迁厂属劳动合同法规定的客观情况发生重大变化，公司可解除劳动合同，但应支付经济补偿金。公司不予理会，认定他们旷工，将他们辞退。

周某将公司诉至法院，请求判令公司撤销辞退决定，并支付违法解除劳动合同赔偿金等。法院经审理认为，公司整体搬迁，客观上造成周某等人在途时间延长、上班不方便等影响，与劳动合同订立时依据的客观情况发生了重大变化，周某书面表示不愿到新厂区工作并要求公司支付经济补偿金，双方未能就变更劳动合同内容达成协议，这种情况下，公司可以解除劳动关系，但应依法按周某的工作年限支付经济补偿金。

案例【4-2-13】

一度为社会广泛关注的上海沪科公司王志骏等三人涉嫌侵犯深圳华为公司光网络产品商业秘密一案，终于有了结果。深圳南山区人民法院一审以侵犯商业秘密罪判处王志骏等三人有期徒刑，并处罚金。

2001 年 7 月本案的三名被告分别从深圳华为公司辞职，当年 11 月在上海联合创办了上海沪科公司。其主业为制造光传输设备，并先后从深圳华为公司挖走研发人员 20 余人。深圳南山区人民法院认为，三人均违反了其与深圳华为公司签订的保密协议，给深圳华为公司造成了重大经济损失，已构成侵犯商业秘密罪。

（四）劳动争议的处理

劳动争议，又称“劳动纠纷”，是指劳动关系双方当事人之间因实现劳动权利和履行劳动义务产生分歧而引起的争议，一般可以分为个人劳动争议、团体劳动争议和集体合同争议。

根据我国《劳动法》和规定，劳动争议处理的基本形式有以下四种：即向企业劳动争议调解委员会申请调解，向当地劳动争议仲裁委员会申请仲裁，向人民法院提起诉讼，以及当事人自行协商解决。

1. 劳动争议的调解

劳动争议发生后，当事人可以向本单位劳动争议调解委员会申请调解。劳动争议调解机构是劳动争议调解委员会，它是依法成立的调解本单位劳动争议的群众性组织。

劳动争议发生后，当事人双方愿意调解的，可以书面形式或口头形式向调解委员会提出调解申请。调解委员会接到申请后，依据自愿、合法的原则进行调解。

调解委员会应当在当事人申请调解之日起 30 日内结束调解。调解达成协议的，制作调解书，双方按照调解协议自觉履行；若在 30 日内没有结束调解，视为调解不成，当事人可以向当地劳动争议仲裁委员会申请仲裁。

调解不是劳动争议解决的必经程序，调解协议也没有要求双方当事人必须履行的法律效力。当事人若不愿调解或调解未成，可直接向劳动争议仲裁委员会申请仲裁。

2. 劳动争议的仲裁

劳动争议仲裁是指劳动争议仲裁委员会对申请仲裁的劳动争议案件依法进行裁决活动。

（1） 仲裁程序。

劳动争议仲裁程序一般按以下三个步骤进行，即当事人申请、仲裁案件受理及仲裁开庭审理。

仲裁裁决一般应在收到仲裁申请的 60 日内做出，对仲裁裁决无异议的，当事人必须履行。如果案情复杂需要延期的，经仲裁委员会批准，可以适当延长，但不能超过 30 日。

案例【4-2-14】

29 岁的冯霞在 1992 年 10 月进入宝安西乡一家电子厂工作，并于 2001 年 12 月辞职离厂。2002 年 4 月，冯霞以厂方超时加班及克扣加班费为由，向宝安区劳动争议仲裁委员会提出劳动仲裁请求，要求判令厂方支付其经济补偿金 15 570 元人民币，并同时支付其 2001 年 3 月至 9 月的加班工资 13 494 元。2002 年 4 月 26 日，劳动仲裁庭作出裁定，鉴于冯未提供充分证据，且支付加班费的请求已超仲裁时效，驳回冯霞的全部请求。虽然冯霞手中掌握了工厂让其超时加班的有力证据，可是因为支付加班工资的请求已过法定时效，法院对此不予以支持。法律界人士告诫打工者，提请劳动仲裁请求一定要及时。

（2） 仲裁案件的特别审理。

仲裁案件的特别审理是指发生职工一方在 30 人以上的集体劳动争议案件时，劳动争议仲裁委员会组成特别仲裁进行审理。特别仲裁处理集体劳动争议案件，自组成仲裁之日起 15 日内结案。案情复杂的可以延长，但延长期不得超过 15 日，特别仲裁庭要将处理结果及时向当地人民政府报告。

（3） 仲裁文书的送达。

劳动争议仲裁委员会送达的仲裁文书要直接送交受送人，本人不在，则交其同住成年亲属签收。

（4） 仲裁费用。

劳动争议仲裁委员会处理劳动争议案件，实行适当收取仲裁费的制度。仲裁费分为案件受理费和案件处理费两种，案件受理费按照国家有关规定收取的交纳，由申诉人在仲裁委员会决定立案时预付；案件处理费包括差旅费、勘验费、鉴定费、证人误工误餐费及文书表册印制费等，由当事人双方在收到案件受理通知书和申诉书副本后 5 日内预付。

3. 劳动争议的起诉

劳动争议的起诉是指发生劳动争议的当事人经过申请仲裁，对仲裁裁决不服而向人民法院提起诉讼的请求，由人民法院按照司法审判程序对案件进行审理。

第五章 创业教育

第一节 中职生自主创业概述

一、创业概述

创业是一个人们发现和捕捉机会并由此创造出新颖的产品或服务和实现其潜在价值的复杂过程，即是人们创业意识产生之前到企业成长的全过程。2015 年 3 月，李克强总理在全国人民代表大会做的政府工作报告中提出“大众创业，万众创新”，这在全中国掀起了一股创业的热潮。据不完全统计，特别是随着年龄的增长，中职生在研究生、本科生、高职生、中职生四大类学生中，选择创业的比例是最高的，特别是在创办小微企业方面。

引例

史玉柱从 1989 年 4 000 元起家，到 1992 年成立巨人高科技集团。1989 年在深圳开发 M-6401 桌面排版印刷系统，史玉柱的身上只剩下 4 000 元钱，他却向《计算机世界》定下了一个 8 400 元的广告版面，唯一要求就是先刊广告后付钱。他的期限只有 15 天，前 12 天他分文未进。第 13 天他收到了 3 笔汇款，总共是 15 820 元。两个月以后，他赚到了 10 万元又全部投入做广告。4 个月后，史玉柱成为了百万富翁。这段故事如今为人们津津乐道，但是想一想，要是当时 15 天过去，史玉柱收来的钱不够付广告费呢？要是之后《计算机世界》再在报纸上发一个向史玉柱的讨债声明呢？我们大概永远也不会看到一个轰轰烈烈的史玉柱了。

二、我国的创业现状

（一）我国当前创业活动的现状

随着社会主义市场经济体制的逐步建立，我国的创业活动日趋活跃，创业环境正在不断改善。据调查，我国全员创业活动指数为 11.6%，即 100 位年龄在 18～64 岁的成年人中，有 11.6 个人参与了创业活动。

（二）我国创业活动的特点

（1）全国个体工商户、私营企业保持平稳增长。截至 2011 年底，全国工商系统共登记私营企业 967.68 万户，比 2010 年底增加 122.16 万户，增长 14.45%；注册资本（金）25.79 万亿元，比 2010 年底增加 6.58 万亿元，增长 34.27%；从业人员 1.04 亿人，比 2010 年底增加 936.04 万人，增长 9.94%。

全国个体工商户 3756.47 万户，比 2010 年底增加 303.58 万户，增长 8.79%；资金 1.62 万亿元，比 2010 年底增加 0.28 万亿元，增长 20.84%；从业人员 7945.28 万人，比 2010 年底增加 937.71 万人，增长 13.38%。

全国工商行政管理机关共登记港澳居民个体工商户 5182 户，比 2010 年底增长 10.11%；从业人员 13924 人，比 2010 年底增长 9.77%；资金数额 4.13 亿元，比 2010 年底增长 28.26%。共登记台湾农民个体工商户 412 户，比 2010 年底增长 44.56%；从业人员 1468 人，比 2010 年底增长 51.65%；资金数额 1.28 亿元，比 2010 年底增长 89.14%。

全国农民专业合作社 52.17 万户，比 2010 年底增加 14.26 万户，增长 37.62%；出资总额 0.72 万亿元，比 2010 年底增加 0.27 万亿元，增长 60%；成员总数 1196.43 万人，比 2010 年底增加 480.86 万人，增长 67.2%。

立足职能，服务民生，大力推进以创业带动就业，积极做好服务就业再就业工作。鼓励和支持劳动者自主创业和自谋职业，落实各项政策措施，营造良好创业环境。发挥个私协会作用，加强对各类人员就业再就业的指导和服务，切实帮助下岗失业人员、高校毕业生提高就业再就业能力。做好农民工职业技能培训，鼓励就近就地就业和返乡创业，据统计，2011 年个体私营经济领域共吸纳 63.31 万下岗失业人员就业，有 1.8 万高校毕业生申办个体工商户，有 1.08 万高校毕业生申办私营企业。

（2） 从创业的行业分布看，主要集中在消费服务业、制造业和企业服务业。在这些领域的开业数量远远超过理发美容、日用品维修和娱乐服务业等传统服务业的开业数量。

（3） 在创业行为的类型中，以生存型创业为主导。

（4） 从创业人员的构成来看，年龄趋降，文化水平提高。

（5） 从区域看，创业活动活跃的地区也是经济发展较快的地区。

（三）我国当前创业的优惠政策

近年来，为鼓励和支持创业，国家和各级政府出台了许多优惠政策，涉及开业、融资、税收、创业培训、创业指导等诸多方面。

1. 注册登记方面

一是程序简化。凡申请从事个体经营或申办私营企业的，可通过各级工商部门注册大厅优先登记注册。申请人只需提交登记申请书等主要登记材料，可先予颁发营业执照，注册资金进一步放宽，在一定期限内按规定补齐相关材料即可。并且，国家实行“三证合一”政策，“三证合一”，是指把工商营业执照、组织机构代码证和税务登记证这“三证合一”。据国家工商总局的部署，三证合一在 2014 年年底开始试行，2015 年在全国范围全面推开“三证合一”。

二是费用减免。除国家限制的行业外，工商部门自批准其经营之日起 1 年内免收其个体工商户登记费、管理费和各种证书费。对申办高新技术企业的，如资金确有困难，注册资本达不到最低限额的，允许分期到位。

2. 金融贷款方面

一是优先贷款支持、适当发放信用贷款。对创业贷款，可由毕业生为借款主体，担保方可由其家庭或直系亲属家庭成员的稳定收入或有效资产提供相应的联合担保。对于资信良好、还款有保障的，在风险可控的基础上适当发放信用贷款。

二是简化贷款手续。

三是利率优惠。对创业贷款给予一定的优惠利率扶持，在法定贷款利率基础上可适当下浮。

3. 税费减免方面

对新办的从事咨询业、信息业、技术服务业的企业或经营单位，对新办的独立核算的从事交通运输业、邮电通讯业的企业或经营单位，对新办的独立核算的从事公用事业、商业、对外贸易业、旅游业、仓储业、居民服务业、饮食业、教育文化事业、卫生事业的企业或经营单位，对到“老、少、边、穷”地区新办的企业，可以免征或减征一定年限、一定比例的所得税。

4. 企业运营方面

员工聘请和培训享受减免费优惠。对毕业生自主创办的企业，自工商部门批准其经营之日起 1 年内，可在政府人事、劳动保障行政部门所属的人才中介服务机构和公共职业介绍机构的网站免费查询人才、劳动力供求信息，免费发布招聘广告等；参加政府人事、劳动保障行政部门所属的人才中介服务机构和公共职业介绍机构举办的人才集市或人才、劳务交流活动给予适当减免交费；政府人事部门所属的人才中介服务机构免费为创办企业的毕业生、优惠为创办企业的员工提供一次培训、测评服务。

各地人力资源和社会保障部门免费为创业者提供创业培训（SYB），有些地方财政还提供创业资金。

第二节　创业动机

一、创业成功的动机

引例

蒋文珍来到北京打工，本来有一份相对不错的工作，但她想自己创业。在帮别人卖玩具时，她发现小学生喜欢橡皮泥，决定卖橡皮泥。由于资金不足，她先摆地摊。一年不到出现了问题——买的人越来越少。原来，橡皮泥可塑性差，易变形，且无收藏价值。这时一个批发商提供一条信息。他说现在的学生喜欢一种叫沙画的东西。蒋文珍进了 1000 张沙画销售。刚开始，由于学生觉得新鲜，所以生意特别火。但后来竞争激烈，批发商提高批发价，靠卖沙画几乎赚不到钱。一件生活中的小事改变了她的被动局面。有一次她洗衣服，晾干了以后发现口袋有一块很硬的东西。她拿出来一看，是卫生纸。受这一启发，蒋文珍找到了可以代替橡皮泥并且成本很低的材料，即把橡皮和胶水融合。现在蒋文珍将她的生意做进了小学的手工课堂，通过代理商又把彩泥画销到韩国、新加坡。我相信不少人在洗衣服时，都有忘了把口袋的卫生纸拿出来的经历，为什么只有蒋文珍受到启发而发明了彩泥画？创业是什么？创业是不畏前进道路上的艰难险阻，克服达到目标所必须面对的种种困难，全力开创前人所没有的事业。创业是最好的就业，是实现人生价值的最佳途径。创业是一种自我实现，是追逐自己理想的职场实现。有人很想创业，可资金，技术，市场欠缺，加上人脉稀少，害怕失败，迟迟不敢创业。电影《食神》里面，最出名的台词就是："只要用心，人人都可以是食神。"创业也是如此，只要用心，就能立于不败之地，让我们从用心始吧！

（一）创业动机——成功的不二法门

创业的时候，静下心来，扪心自问，自己的创业目的是什么？抱什么样的创业态度？必须诚实地回答，千万不能自己骗自己。创业的目的是为了实现酝酿已久的人生理想，干自己喜欢的事业，只要我们诚实面对自己，就会找到让自己乐此不疲的事业。他们的内心深处有个声音呼唤着"这就是我的工作，这就是我的生活。"

对于有些人，工作甚至就是他们娱乐的一部分，是他们值得做一辈子的工作，哪怕赔上性命也值得。比尔·盖茨成为富可敌国的超级富豪后，每天仍然工作达 12 小时以上，乐此不疲的原因是计算机软件开发与研究是他最大的乐趣。

（二）信心十足——相信自己的力量

自信是所有成功人士必备的素质之一，要想创业成功，首先必须建立起自信心。自信虽然不能寻求外界的支持，但为了不被外人泼冷水熄灭创业的火苗，成功的创业者都会尽量维持自己的动力，接近乐观的人，靠近成功的人，让自己处于有利的环境，保持自己的创业激情。自信来自哪里？来自"天生我才必有用"的豪迈，来自创业的能力。与生俱来的天赋，不是我们的讨论范围，因为天赋无法改变，那么这里讲的创业能力是可以训练出来的，后天形成的。创业能力包括以下几个方面内容。

第一，是看透需求与企业利润所在的能力。

怎么训练自己具备这项能力，最简单的方法就是练习写创业企划书。写企划书的目的是说服自己或别人的投资。在企划书里具备市场分析，项目优势，你充当什么样的角色，从哪里开始你的事业，用什么方式赚钱，有多少投资回报率，商机是否存在等。

第二，是精确地分工规划能力。

这项能力训练方法是写企业计划书。把工作分门别类，按照工作的前后顺序安排好，编排出工作流程，反复推敲看看有没有能够改进的地方，尤其是能够省钱或增加效率部分。

第三，是成本化能力。

这项能力的训练是学会分析和定价。了解成本的结构，根据变动的幅度，分为固定成本和浮动成本。

第四，整合资源的能力。

这项能力的训练方法是对你从事的产业环境深入了解，留意延伸市场或还未成熟的市场。

第五，训练人的能力。

即是训练员工，训练人才。唯有人才足够多，才有机会让自己的事业更上一层楼。

（三）采取正确的行动

许多人完全知道要成功他们必须做什么，但迟迟不愿意采取正确的行动。成功的秘密是这样的：不要只是采取行动，而是要“采取正确的行动！”如果你已有了创业的条件，发现了创业的机遇，还犹豫什么，赶快行动，全身心地投入到创业中去吧。

二、动机不纯创业难成功

根据有关资料统计，初次创业成功率不到 18%。失败的原因各不相同，但有一点是相同的，那就是创业动机不纯，创业动力不足，造成所开创的事业难以为继，甚至以失败告终。错误的创业观念有以下几种。

（1） 羡慕一掷千金的老板派头而创业。

（2） 喜欢自由自在的生活而创业。

（3） 当家作主，不受别人的剥削而创业。

（4） 升职无望，就业环境不好而创业。

（5） 见同学朋友辞职创业获得成功，自己心生羡慕，而辞职创业。

（6） 跟风创业。

（7） 急功近利，希望一夜暴富。

（8） 赌徒式创业。

（9） 对老板不满，创办与公司一样的企业与之竞争。

第三节　创业准备

梅林奥尔森说过“人生中最痛苦的事莫过于不得不承认自己没有充分准备”。只有激情和创意，创业是无法取得成功的。机遇只垂青那些有准备的人。而如果没有准备，再好的机会也没有用。创业者的知识素质对创业起着举足轻重的作用。在知识大爆炸、竞争日益激烈的今天，单凭热情、勇气、经验或只有单一专业知识，要想成功创业是很困难的。创业者需要有创造性思维，需要能做出正确决策，还必须掌握广博的知识，具有一专多能的复合型知识结构。

创业者应具备多方面、全方位的知识结构，具体来说，可以概括为以下几个方面。

一、知识准备

（一）国家关于创业的法律、政策方面的知识

（1） 创业者要了解国家关于创业的法律规定，如企业法律制度，经济法律制度；了解应当承担的法律责任。

① 企业法律制度。个体工商户、合伙企业、股份制企业等，其企业法律制度是不一样的，要承担的法律责任也不一样。

② 经济法律制度。合同法是经常要使用的法律，要有一定程度的认识了解，学会知法、守法，利用法律保护自己。

（2） 创业者在了解相关政策知识时应注意以下几点。

首先，理性看待创业政策。创业政策是个人创业的助推剂，但不是个人创业的“万能

药”，任何人都不能仅仅依靠政策来创业，任何人也不是为了享受政策而创业，这是用好创业政策必须树立的理念。

其次，对症下药，选择合适政策。每个人的创业方向、创业特点各不相同，每项创业政策的适用范围和对象也不同。个人在用创业政策时，要选择适合自己的政策，即要适合自身的创业条件，要适合自身的创业行业，要适合自身的创业类型，要适合自身的创业过程。

最后，发挥政策实际效用。在选择了适合自身的创业政策后，要切实发挥好政策的实际效应，使政策的运用能真正降低经营成本，改善经营状况，提升经营能力，对实现企业的发展壮大有实际作用，使企业走上长期发展的道路。

（二）创业所在领域的专门知识

我们说创业要选择自己擅长的行业，因为在这个行业，创业者往往具有丰富的专业知识。创业者一旦进入一个行业，就必须尽可能多地掌握这个行业的专门知识。只有对本行业的供需状况、市场前景以及从事本行业的专业知识和技能了然于胸，才能避免盲目性和投机性，争取最大的成功概率。在一个自己完全不了解的行业创业或者不具备所从事行业的专业知识，要想获得成功是不可想象的。

二、创业者必备的心理素质

从成就动机理论出发，对成功创业者特征进行分析可以发现，那些拥有创业心理特征的人员比不具备创业心理特征的人员具有更高的实施创业行为的倾向。概括起来，创业者的自我意识应该自信、自主；情感应该理性、执着；性格应该坚强、果断、勇敢。具体言之，创业者的心理素质主要有以下几点。

（一）热爱所从事的行业

美国苹果电脑公司创始人史蒂夫贾伯在回忆自己的成功之路时有过这样一段阐述：很多人这样问：“我想开一家公司，我该做什么？”而我提出的第一个问题是：“你所热爱的是什么？你开的公司想要做什么？”他们大都笑道：“不知道”。我给他们的建议是：“去找份工作让自己忙碌起来，直到你找到答案为止。你必须对你自己的想法充满热情，强烈感受到愿意为它冒险的心情，如果你只想拥有一家小公司的话，那就算了吧”。

（二）与众不同的创新精神

可以说，创新是创业的灵魂，是公司兴旺发达的不竭动力。

创业是一项创新活动，很多未知的或不可预料的不确定性因素掺杂其间，虽然有成功的经验可以借鉴，失败的教训能够吸取，但迈克戴尔曾说过“创业没有准则”。欧肯迪曾说：“一般的通论都是不对的，所以创业就是要开创一项事业，没有一种可以复制的模式让我们一劳永逸”。

（三）敢于冒险的精神与搏击风浪的勇气

爱略特曾说：“世上没有一个伟大的业绩是由事事都求稳操胜券的犹豫不决者创造的。”创业有成功的可能，也有失败的可能，因此，要有冒险的精神。

（四）切合实际的理性精神

有一个故事是这样的：一个人问一个哲学家，什么叫冒险，什么叫冒进？哲学家说，比如有一个山洞，山洞里有一桶金子，你要进去把金子拿出来。假如那山洞是一个狼洞，你这是冒险；假如那山洞是一个老虎洞，你这就是冒进。这个人表示懂了。哲学家又说，假如那山洞里的只是一捆柴火，那么，即使那是一个狗洞，你也是冒进。这个故事告诉我们，冒险是这样一种东西，你经过努力，有可能得到，而且那东西值得你去付出。否则，你只是冒进，死了都不值得。

（五）坚定的毅力和百折不挠的执着信念

珍珠的形成过程告诉我们，走向成功的过程代表成功前夜必不可少的痛苦，璀璨的珍珠就是成功之后一枚甜蜜的果子。

（六）善于分享的性格特质

优秀的领导者，不一定自己能力有多强，只要懂信任，懂放权，懂珍惜，就能团结比自己更强的力量，从而提升自己的身价。就创业者而言，创业活动往往不是个人的英雄行为，而是创业者带领一个团队或者作为团队的一员共同努力的一个过程。在这个过程中，创业者需要和团队其他成员分享目标、愿望、理念以及利益，只有这样，才能在团队中建立一种支持性的机制，有利于困难的克服和目标的达成。

（七）良好的商业道德

诚信、诚实、诚恳是一个企业生存和发展的根基。没有良好的品德，而时刻只为自己的个人利益，肯定不会创立起企业；即使能够建起企业，最终也难免昙花一现，生命力不会长久。只有企业对顾客、对社会、对员工诚信，顾客、社会和员工才会为企业的发展锦上添花，企业的发展才有土壤。诚信、诚实、诚恳是创业团队的道德要求。

三、创业者必备的身体素质

所谓身体素质，是指身体健康、体力充沛、精力旺盛、思路敏捷。现代小企业的创业与经营是艰苦而复杂的，创业者工作繁忙、时间长、压力大，如果身体不好，必然力不从心，难以承受创业重任。

四、创业者必备的能力储备

创业者的能力是决定创业前途的重要条件，总体来说，创业能力可以概括为三种，即专业能力、方法能力和社会能力，它们对创业的作用也有所不同。

（一）专业能力是创业的前提能力

专业能力是指企业中与经营方向密切相关的主要岗位或岗位群所要求的能力。劳动者在创办自己的第一个企业时，应该从自己熟悉的行业中选择项目。当然，创业者也可借助他人特别是雇员的知识技能来办好自己的企业，但在创办自己的第一个企业时，如果能从自己熟知的领域入手，就能避免许多“外行领导内行”的尴尬局面，大大提高创业的成功率。创业者应具备的专业能力主要体现在以下三个方面。

（1） 创办企业中主要职业岗位的必备从业能力。

（2） 接受和理解与所办企业经营方向有关的新技术的能力。

（3） 把环保、能源、质量、安全、经济等知识和法律、法规运用于本行业实际的能力。

（二）方法能力是创业的基础能力

方法能力是指创业者在创业过程中所需要的工作方法，是创业的基础能力。创业者应具备的方法能力主要体现在以下九个方面。

（1） 信息的接收和处理能力。搜集信息、加工信息、运用信息的能力是创业者不可缺少的能力。创业者不但应具备从一般媒体中搜集信息的能力，随着科技进步和网络技术的普及，还应该具备从网络中获取信息的能力。

（2） 捕捉市场机遇的能力。发现机会、把握机会、利用机会、创造机会，是成功企业家的主要特征。

（3） 分析与决策能力。通过消费者需求分析、市场定位分析、自我实力分析等过程，根据自己的财力、关系网、业务范围，依据“最适合自己的市场机会是最好的市场机会”的原则，做出正确决策，才能实现自己的创业目标。

（4） 联想、迁移和创造能力。从别人的企业中得到启发，通过联想、迁移和创造，使自己的企业别具特色，并通过这种特色使自己的企业在同业市场中占有理想的份额。

（5） 申办企业的能力。创办一个企业，需要做好哪些物质准备，需要提供什么证明材料，到哪些部门办哪些手续，怎样办等，均为创业者应具备的能力。

（6） 确定企业布局的能力。怎样选择企业的地理位置，怎样安排企业内部布局，怎样考虑企业性质等，都是创业过程中不可回避的问题。

（7） 发现和使用人才的能力。一个成功的创业者，肯定是一位会用人的企业家，他不但能对雇员进行选择、使用和优化组合，而且能运用群体目标建立群体规范和价值观，形成群体的内聚力。

（8） 理财能力。这不仅包括创业实践中的奖金筹措、分配、使用、流动、增值等环节，还涉及采购能力、推销能力等。

（9） 控制和调节能力。成功的创业者，要对规划、决策、实施、管理、评估、反馈所组成的企业管理的全过程，具有控制和运筹能力。

（三）社会能力是创业的核心能力

社会能力是指创业过程中所需要的行为能力，与情商的内涵有许多共同之处，是创业成功的主要保证，是创业的核心能力。创业者具备的社会能力主要体现在人际交往能力、谈判能力、企业形象策划能力、合作协调能力、自我约束能力和适应变化与承受挫折的能力等六个方面。

哈佛大学拉克教授讲过这样一段话：“创业对大多数人而言是一件极具诱惑的事情，同时也是一件极具挑战的事。不是人人都能成功，也并非想象中那么困难。但任何一个梦想成功的人，倘若他知道创业需要策划、技术及创意的观念，那么成功已离他不远了。”

第四节 创业筹划与选择

“知己知彼，百战不殆”。创业就像是一场“没有硝烟的战争”，要在这场“战争”中获得胜利，那就要做到未雨绸缪，有备无患。因此，在创业的筹划阶段务必在各个方面都做好充分的准备。创业不仅仅需要脚踏实地地进行学习和积累，还需要客观科学地谋划和实施，而且需要专心致志地坚持和发展，只有这样，创业成功才会离你越来越近。

一、创业市场调查

（一）市场调查的作用

（1） 市场调查有助于创业者把握宏观的市场环境，加深对自己所从事行业的了解，例如整个社会的政治经济环境、行业的竞争状况、社会对于某种产品或服务的需求和购买力等，为自己的经营决策提供宏观的环境依据。

（2） 通过市场调查，确定顾客的需求，生产顾客需要的产品，保证企业获得丰厚的利润。因此，市场调查是企业取得良好经济效益的重要保证。

（3） 市场不是一成不变的，顾客的需求在不同的时期也各不相同。通过市场调查，可以发现一些新的商机和需求，以便开发新的产品去满足这些新需求。

（4） 通过市场调查可以了解企业自身的产品和经营状况，发现企业产品的不足及经营中的缺点，及时地加以纠正，改进企业的经营策略，使企业始终保持生机与活力，在竞争中永远立于不败之地。

（5） 通过市场调查还可以及时掌握企业竞争者的动态，了解竞争对手的经营状况与策略，对方产品或服务的优势、不足以及在市场上所占份额的大小，以便针对竞争者的情况，及时调整和改进自己的经营策略。知己知彼，方能百战不殆。现代营销观念认为，实现企业各种目标的关键，是正确认识目标市场的需要和欲望，并且比竞争对手更有效、更有利地传送目标市场所期望满足的东西。而市场调查是企业了解目标市场需求和竞争对手行动的最有效的手段。因此，随着现代营销观念的逐渐普及，市场调查在全球范围得到了广泛的重视。

（二）市场调查应注意的问题

（1） 市场调查应该持续不断地进行。

（2） 调查者尽量避免个人倾向，确保调查结果的准确性。

（3） 市场调查可用来了解市场对某种产品或服务的反应，而不要以其决定投入何种产品或服务。换句话说，企业应更多关注产品或服务的质量和差异性。

（4） 企业要盯住市场，不能只盯住市场调查。要注意规划未来市场，不能完全以顾客需求为导向，还要注意引导顾客，创造需求。

二、创业领域的选择

隔行如隔山，对于中职生创业更是如此。在创业过程中，是否选择了合适的创业领域，是中职生创业能否成功至关重要的条件之一。

（一）选择创业领域应考虑的因素

对于一个准备创业的中职生来说，创业领域的选择非常重要，可能直接关系到创业的成败。专家指出，选择创业领域可以从以下几方面进行考虑。

1. 行业的发展前景

发展前景好的行业，将会使自己有生存空间和发展空间，不会一下子就让创业者处于激烈的同行竞争中。我国产业利润正悄悄转移，而在商海的浮浮沉沉中，各行业境遇早已“三十年河东三十年河西”。那么哪边是河东？哪边又是河西呢？

对大多数创业者来说，进入一个热门行业或者潜在的热门行业会是一个不错的选择，那么何谓热门行业？“热门行业”是一个相对模糊的概念，而且具有明显的地域和时代特征，不可一概而论，但总体而言，“热门行业”一般具有以下特征。

（1）热门行业是新兴的朝阳产业，发展迅速，机会较多。

（2）热门行业顺应市场经济发展趋势，具有巨大的市场需求或潜在市场需求。

（3）热门行业竞争激烈，人才需求量大。

（4）热门行业的收入水平较高，工作环境较好。

（5）热门行业具有良好的发展前景。

2. 进入行业的时机

行业成熟度决定创业时机，对于创业者来说，选择创业时机在一定程度上也就是意味着选择创业所从事的行业。就拿电信增值业务来说，丁磊、张朝阳、陈天桥等现在名利双收，就在于他们创业开始的几年前已经看准了这个行业。

有专家建议，创业者应从行业成熟度的角度来看创业时机。一般来说，行业发展的初期阶段，市场竞争没有那么激烈，进入的企业也不多，中小创业者有更多的发挥空间。到了行业成熟期，竞争激烈和市场的规范必然意味着利润率的降低。因此，选择进入有较好的发展前景或市场前景的行业，对于创业者来说至关重要。

3. 创业者自身条件

许多人都曾一度闪过创业的念头，但实际付诸行动的却不是很多，原因是创业要面对的不确定因素实在太多。在没有充分准备的情况下冒然创业，而导致失败，其实也是一件相当不值得的事情。甚至对于因帮助你创业而加入团队的成员以及他们的家属，还需要付出道义上的责任。事先进行充分准备与谨慎的创业评估，是创业者在创业初期应该尽到的职责。创业不应该只是被视为一种英雄的浪漫冒险，而应该是极其严肃的责任与承诺。因此，所有创业者在投入创业行为之前，都必须要深刻的自问，我是否已经准备好了？

许多创业失败的案例，都是因为创业者事前仓促起军，与未能在创业前做好充分的准备有关。虽然也有学者主张，创业者可以在创业失败的过程中学习，但是如果失败是因为自己事前没有做好必要的准备，这种失败将会令人感到非常遗憾。

（二）当前适合中职学生创业的领域

在我国当前政策形势和经济形势日趋向好的情况下，为中职学生创业提供了广阔的空间，但根据中职学生创业的特点，可以在以下八大领域中选择合适的创业项目：

（1） 日用小商品产销领域。浙江义乌小商品市场，远近闻名，生意兴隆，就是因为日用小商品和人们的生活息息相关，可以说是永不没落的朝阳产业，而且这一领域多为劳动密集型产品，非常适合于小企业生产。在这一领域中，除了人们基本生活需要的吃、穿、用、住、行外，还有文、教、体和娱乐产品等。日用小商品产销投资小，经营灵活，特别适合于中职学生创业。

（2） 服务领域。人民生活水平的不断提高，对物质和精神需求的不断增加，再加上市场的逐渐细分，都预示着服务领域的良好前景。诸如西点咖啡、中西快餐、服饰鞋帽、居家装饰、视听娱乐产品租售、美容护肤、花卉租售、便利连锁等，都是人们生活离不开的。上述行业，一般都以开店面经营为主，可分为独立开店与加盟连锁两种。另外，我国已接近老龄社会，独生子女家庭又让年轻的父母在孩子教育上舍得投资，于是，为儿童提供教育和为老人提供看护，包括家教、幼儿园、居家护理、家政服务等，也成了热门行业。另外，快速发展中的网络及科技行业，仍有相当大的市场空间。

（3） 专业配套领域。从我国的经济发展态势看，今后国有资本将集中投向基础性领域、支柱性产业和尖端科技；另一方面，入世后，外国大型企业在中国的投资正逐步增加。就总体而言，大企业和中小企业相辅相成。因此，像家电、机械、食品等行业的发展，都会带动一大批中小企业发展起来。即使是国外进入中国的大企业，也离不开当地中小企业的配套。如日本松下电工进入中国后，便和只有 50 人的上海盛业有限公司联合，组建家居装饰有限公司，共同开拓家居装饰业市场。

（4） 进出口领域。加入世贸组织以后，经济全球化特征日趋明显，我国和世界经济的依存度越来越高，我国的进出口贸易额逐年增加，目前我国年进出口总值已进入全球 6 大国行列，不仅民营经济将在外贸中扮演重要角色，而且随着我国经济的快速发展和国际地位的提高，这个领域将会创造更多的项目和发展机会。

（5） 现代农业领域。十届人大二次会议强调，要调整农业产业结构和提高农民收入，很重要的一条是组建“公司+农户+市场”的种（养）植、加工、销售一条龙，即发展以农副产品加工业为龙头、以农民家庭为农副产品原材料生产基地，以海内外为目标市场的产销形式。在农产品的初加工和深加工以及综合利用方面，是大有可为的。牛根生所领导的蒙牛从 1999 年开始创业，从一无所有开始，在群雄并立的“乳业江湖”硬是拼下了最大的一块地盘，到 2004 年蒙牛已经成为行业老大，其收入达 72.138 亿元人民币，仅次于伊利的 87.34 亿，而蒙牛 3.194 亿的净利润却远远把伊利抛在后面。凭此，牛根生进入了 2004 年《福布斯》公布的中国富豪排行榜，身价 1.35 亿元。

（6） 高新科技领域。高新科技产品代表未来，也非常适合中小企业经营，特别是在技术成熟之前以及技术刚成熟时，不可能大规模地生产，即使是在研制、开发阶段，中小企业也是大有可为的。此外，互联网、电子商务，软件开发等信息产业，起步投资少、对场地要求不高，设备相对简单，一两个素质比较高的科技人员带几个帮手就可以开业。

（7） 旅游产品领域。随着人们经济收入和生活水平的提高，休闲旅游度假将会成为人们生活支出中不可或缺的一部分。因此，旅游产品将会有一个相当可观的市场需求，然而旅游景区在这方面与旅游市场的发展还很不适应，急需进一步开发旅游产品或服务。

（8） 环保领域。目前，国家制定了一系列优惠政策，采取多种有效措施，大力支持环保行业的发展，如成立环保部、加大经费投入、以旧换新发放补贴等。

三、创业项目的选择

如果创业者苦心创办和经营的创业项目最终失败，不但给创业者的个人财富造成巨大损失，而且也会浪费一定的社会资源。究其创业失败的原因，除了创业过程本身客观具有的一定风险以外，创业者选择创业项目的方法失当也是一个重要原因。

如果创业者在选择创业项目时采取科学的思路与方法，准确识别和把握市场机会，做到有的放矢，不仅能够在很大程度上降低创业风险，而且可以有效提高创业成功率。

（一）选择创业项目的原则

如果一个人确实具备创业者素质并有创业意愿，那么他在创业准备期，不应该急于考察和选择具体项目，也不必考虑资金筹集、人员组织等常规性经营问题，而是要认真思考并接受一些重要的理念和行为准则，这些理念和行为准则可以帮助创业者在选择项目时不犯或少犯错误，最大程度上减少投资风险。

1. 知己知彼原则

从某种意义上讲，创业活动不只是一场惊心动魄的战斗，创业者本人不但是这场战斗的战斗员，也是指挥员。为取得战斗的胜利，必须做到知己知彼。

所谓知己，就是创业者在选择项目之前，应该首先对自己的状况有一个清楚的认识和判断。例如自己可以提供多少创业资金，有哪些从业经验和技能专长，自己的兴趣和爱好是什么，社会关系状况如何，自己在性格上有哪些优势和弱点，家庭成员是否支持等。从创业者本人的角度看，“知己”越深入，越详尽，就越容易扬长避短，找到适合自己创业的项目，越能提高创业成功率。

所谓知彼，就是要了解创业所在地的社会经济环境。要认真分析当地的发展政策，包括产业结构政策、金融政策、税收政策、就业政策等；要认真了解和分析当地的消费环境，例如居民的购买力水平、购买力投向、购买习惯等；要认真了解和分析当地的自然和人文资源，包括具有市场开发价值的工业原料和农林渔牧产品、传统的生产加工技术、独特的自然和人文景观等；要认真了解和分析当地市场的竞争强度，包括拟选择项目所在行业的竞争者数量、规模、实力水平等。深入考察创业环境能够帮助创业者开拓视野，敏锐地捕捉到市场机会，增强项目选择的合理性。

2. 自有资源优先原则

创业者在审视了创业环境之后，应该从中甄选出重点利用和开发的资源。甄选应贯彻自有资源优先原则。所谓自有资源，就是创业者本人拥有的或自己可以直接控制的资源，包括专有技术、行业从业经验、经营管理能力、个人社会关系、私有物质资产等。相对于其他非自有资源，自有资源的取得和使用成本往往较低；同时这些资源在利用过程中也容易使项目获得标新立异的优势，在今后的市场竞争中占据主动地位。我国许多老字号品牌如“北京烤鸭”、“山西老陈醋”，能够历经百年而长盛不衰，与经营这些品牌的商家在最初创业时开发并有效利用自己的专有技术有密切关系。

3. 量入为出原则

在创业行动开始之前，不少创业者对未来满怀激情，雄心勃勃要干一番大事业，以至于创业时必须考虑的财务问题往往被忽略掉，导致最终发展前景很好的项目因资金周转困难而中途夭折，所以量入为出是创业者必须切实遵循的一个原则。首先，创业者要考虑启动创业项目需要的资金量是否可以承受。在当今国内银行信用和商业信用不很发达的情况下，有些项目即便市场前景非常看好，但庞大的启动资金投入也足以让创业者望而却步。其次，后续资金投入规模也必须考虑。后续资金投入不足很可能造成创业者中途退出，成为他人创业路上的“铺路石”。最后，要考虑项目投入中固定部分和流动部分的合理比例，不能顾此失彼。

4. 短平快原则

出于先天条件不足，创业者在创业之前普遍缺乏资金和客户等资源，因此为尽快脱离创业的“初始危险期”，使项目的运作进入良性循环，在同等条件下，应优先考虑那些“短平快”项目。这样操作，一方面可以迅速收回投资，降低投资风险；另一方面，即便项目后期成长性不好，创业者也可以选择维持经营或后期主动退出，利用掘到的“第一桶金”另寻出路。在现实社会中，不少创业成功的企业家目前经营的产业与当初创业时的选择大相径庭就充分说明了这一点。

（二）选择创业项目的思路

在上述四个基本原则的指导下，需要创业者开动脑筋、睁大眼睛细致地搜索创业项目。当然这种搜索不是盲目的，而是要讲究方法和技巧。在这里，简单介绍一些选择创业项目的主要思路。

1. 关注政策变化

有变化就有机会。环境的变化往往可以带来商机。当前，在众多的环境要素中，各地发展政策的优化是比较频繁的。这就要求创业者在日常生活中积极收集这些方面的信息，很可能在某个时间就会出现适合自己的机会。现在，相当一部分成功的民营企业家，就是在我国改革开放初期，借助国家政策的变化，找到了创业机会，顺利起步。随着近几年改革开放政策的不断深化，涌现出的商机将会越来越多。举一个简单的例子：河南省叶县的农民根据国家粮食收购政策的变化——即允许个体进入粮食流通领域，当起了粮食经纪人，既方便了农民卖粮，自己又获得了不菲的收益。据了解，现在全国各地有相当一批人把这项业务作为长期事业来做。

2. 搜索市场空白

搜索市场空白可能是最简单、最直接的选择创业项目的方法了。有空白就存在着巨大的消费需求。但问题是创业者本人看到的市场空白别人往往也能看到，即便你先看到，以后也容易被后来者模仿甚至超越。因此，使用这种方法适合于寻找那些“短平快”项目。等到别人回过神来，你已经赚得盆满钵满。

3. 发挥技能专长

创业者自身具备的技能是成功创业的有力武器，也是选择创业项目的重要依据。由于技能是创业者在以前工作过程中长期积累形成的，如果创业项目的运作与此项技能的运用密切相关，那么就比较容易地形成自己的经营特色，他人难以模仿，而且也有助于实现项目的永续经营，同时经营中的技术问题也便于解决。基于这些优点，选择创业项目时，创业者应尽可能挑选与自身技能密切相关的项目。需要说明的是，这里所指的技能涵盖项目运作过程中使用到的所有技术和能力，既包括生产技术也包括经营管理技能甚至创意能力等。河南泌阳的张海涛拥有桶壁飞车的杂技技术，就凭此他创建了一家民营飞车杂技团，获得了很大成功。试想，对于张海涛来说，他的创业项目还有比这个更合适的吗?

4. 利用自然和社会资源

俗话说，“靠山吃山，靠水吃水”，这种选择项目的途径应该说是最方便的了。自然资源是指创业所在地具备的在现代经济技术条件下能为人类利用的自然条件，例如，自然风景、气候、水土、地理位置、能源等。从选择创业项目的角度讲，这些自然资源应该具有独特性。社会资源内涵更为丰富，包含了除自然资源之外的所有物质。例如：民族风俗、传统工艺、人际关系等。由于当地独特的自然和社会资源不可复制，这使得借助这种方式选择的创业项目具有独占性，客观上提高了他人进入和竞争的门槛。

5. 改变经营模式

长期以来，人们总是习惯于一种固有的企业经营模式。这种模式由于屡见不鲜，便使得人们觉得这是最合理、最科学的选择。实际上，只要我们转换一个角度去观察和思考，在我们面前就会出现一个全新的世界。就像切苹果，我们总是竖着切，如果横着切，就会发现结果是如此的不同。同样的道理，如果我们把这种思想移植到企业经营领域中去，对某个产业的经营全过程进行全部或局部的重新整合，就可能产生商业机会。管理学将此称之为“价值链重构”。美国的麦克戴尔就是将计算机产业的价值链进行了重新设计，以直销代替原先以至现在普遍运用的代理制销售模式，使戴尔公司一跃成为世界最著名的公司之一。可以说，麦克戴尔本人也是最成功的创业者之一。

6. 关注外围经营项目

任何一项具体的产业都是生产某种物质产品和提供某种劳务活动的集合体。其中包括众多的相互关联、相互影响的经营项目，这些经营项目有核心和外围之分。例如运输行业的核心经营项目是交通工具运输，外围经营项目则是零配件供应、燃料供应、交通工具修理等。人们往往看重的是核心经营项目，而对外围经营项目则漠不关心。孰不知，这些不显山不露水的项目借助一荣俱荣的便利，可以获得“一人得道，鸡犬升天”的效果。安徽有个聪明人叫奚兴根，在当地政府决定大力发展养蟹的时候，他却做起了供应蟹苗的生意，当大家看到蟹苗生意兴隆纷纷进入的时候，他又去做成品蟹的销售生意，别人也开始卖成品蟹的时候他又去做成品蟹交易市场。总之，他在成品蟹养殖这个产业核心项目外围打转转，靠着这种方法，他的项目做一个成一个。

7. 理性“跟风”

这种选择创业项目的思路看上去有些矛盾，因为人们一般把“跟风”和“盲目”联系在一起，觉得“跟风”没有吃肉的福，只有喝汤的份，搞不好连汤也喝不上。其实，“跟风”本身也不是完全不好，关键在于要把握好在什么情况下“跟风”，怎样“跟风”才能获得最大的效益。创业者要做到理性“跟风”，首先要客观认真地分析一下“拟跟项目”，它是否具备发展潜力，项目的生命周期是否长久，是否具备特色经营的可能性；其次，创业者要评估自身的状况，是否具备长期与竞争者抗衡的资金实力，是否拥有将“拟跟项目”做成特色品牌的能力等。当这些问题和条件搞清楚以后，再决定“跟风”就不盲目，而是理性的了。

四、创业机会的选择与把握

“机不可失，时不再来”。一个创业者如果能够把握住一个看似十分偶然的创业机会，就很有可能彻底改变一个人的一生。从哲学的角度看，创业机会的出现，看似十分偶然，其实也一定有它的必然性。那么，我们应该怎么去选择和把握创业机会呢？

（一）把握创业机会

既然机会的偶然出现，也存在着必然性，那么，机会的得来绝不能靠守株待兔。每个创业者都应该主动地去寻找、捕捉和把握创业机会，往往机会的来源便可极大促成创业的成功。

（1） 要真正了解客户的需求，什么是他们的消费痛苦点、甜蜜点和盲点。只有了解了顾客承受的极限以及心理认识的盲区，才能给自己的产品比较准确的定价。

（2） 要善于理解政府的新政策和行业的新标准，这同样也是中职生选择正确的创业方向的重要参考内容之一。拥有敏锐社会嗅觉的经济人，往往能够取得好的回报，就是这个道理。

（3） 要懂得技术转型。有人说，“一个学 IT 的人在 IT 界算不上什么凤毛麟角的人物，但如果一个扎根于医学界的 IT 人就不得了了！”不要让专业出身限制住自己的发展，领域的转变可能会产生意想不到的效果。此外，不断迸发的新点子、新创意也有助于筹划的完善和缜密。

（二）准确评估创业机会

创业机会的存在并不意味着它就必然有执行的价值。创业机会的准确评估同样值得创业者深思熟虑。一般而言，较好的创业机会有以下五个特征。

（1） 在前景市场预测中，能够比较准确客观地预计，今后 5 年中的市场需求会稳步快速增长。

（2） 创业者能够获得利用特定机会所需的关键资源，其中包括自有资源、外在资源、自然资源以及社会资源等。

（3） 创业者不应被锁定在“刚性的创业路径”上，而是应该可以中途调整创业的“技术路径”。

（4） 创业者可以通过创造市场需求来创造新的利润空间，牟取额外的企业利润。

（5） 特定机会的商业风险是明朗的，且至少有部分创业者能够承受该机会的风险。对于特定创业者而言，面对特定的创业机会，必须回答以下五个问题。①自己是否拥有利用该机会所需的关键核心资源？②创业者能否“架桥”跨越“资源缺口”？③遇到竞争力量时，创业者是否有能力与之抗衡？④是否存在创业者可以创造的新增市场以及可以占有的远景市场？⑤创业者是否有能力承受利用特定机会的商业风险？

第五节 创业资金需求、盈利分析、融资方法

创办一个商店或公司，到底需要多少资金？如果资金不足应该怎样筹集？利润有多少？多少个月可以盈利？这是很多创业者首先关心的问题。

一、创业资金需求预测

办一个商店或是公司，首先必须准备一笔启动资金。如果没有这笔钱，就必须通过各种途径来筹集这笔钱。不仅如此，你还要准备在公司资金周转困难时，能及时筹集到所需要的资金。在创业之初，准备 3~6 个月的现金流。

例：小李要开一间奶茶店，店租每月 3000 元，店主要收 3 个月租金作为保证金，装修费 5000 元，购买设备及用品 15000 元，准备制作奶茶的原材料 3000 元，开办的其他费用 1000 元。另外，每月的水电费和税金 1000 元，人工工资 5000 元。问创业初期需要的启动资金是多少。

启动资金即开业前的开支：保证金 9000 元+装修费用 5000 元+设备及用品款 15000 元+开办费用 1000 元+原材料费 3000 元=33000 元。

一般随着开业，现金会源源不断流回企业，可作下个月的租金、人工、原材料、水电费用开支，但由于各种原因，生意一时不好，发生亏本，这时资金短缺，没有钱购买原材料，造成企业倒闭，所以要准备一定的流动资金。

二、创业盈利分析

（一）创业盈利分析的意义

（1） 你应掌握自己的企业是挣钱还是赔钱。

（2） 制定销售和成本计划，使你既看到了销售，也看到成本，并且预知你是否在赢利。

（3） 新办企业应该预测第一年中每个月的利润，以利于你成功启动。

（二）怎样进行盈利分析

（1） 什么是利润。利润相关的公式如下。

利润=净销售收入-企业的经营成本

净销售收入=含税销售收入÷（1＋增值税税率）

利润=含税销售收入-增值税及附加费-总成本

（2） 总成本：人工成本、材料成本、生产、销售成本、资金成本。

（3） 成本计算。成本计算的相关公式如下。

直接费用、直接计入：原料、工资、各种费用。

间接费用、分摊计入：开业、保险、促销等。

固定资产、计提折旧：不同物品，不同折旧率。

缴纳给国家和地方的税费都不许打入成本。

（4） 相关计算公式如下。

业主个人净收入=毛收入-税费-企业成本-个人所得税

毛收入=含税销售收入

税费=增值税＋城建税＋教育附加费

企业成本=企业各项经营成本

个人所得税=（业主工资＋利润）×税率

销售和成本计划既看到了销售，又看到了成本，更知道了是否赢利。当你计划创办一家新企业的时候，你应该预测第一年中每个月的利润。

当你通过对自己创办企业的销售和成本预测，是赢利的结果的话，这会加强你创办自己企业的激情和信心。相反如果是亏本的话，你就要反思，就要从头再开始构思，已办企业要进行调整。

三、创业融资的方法

创业需要的资金，一般为创业者自有，但创业者的资金往往不够，因此创业需要融资，采用多种方法筹集所需要的资金。

创业融资的方法多种多样，只要愿意想办法，创业者有多种途径可以解决融资问题。这里所指创业融资是创业筹备阶段和企业草创阶段的融资，这个时期对于创业者来说，最难解决的便是资金问题。其实只要愿意想办法，创业者有众多途径可以解决融资问题。创业融资从大的方面来说，主要有间接融资与直接融资两种形式。

（一）间接融资的类别

所谓间接融资，主要是指银行贷款。大家都知道，银行的钱不好贷，对创业者更是如此。但在某种情况下也有例外，就是在你用足够的抵押物或者能够获得贷款担保的情况下，很容易从银行贷到款。

间接融资的类别是与银行的贷款业务种类紧密相关的，银行受理个人贷款业务的种类决定着间接融资的种类，银行受理个人贷款业务的种类越多，间接融资的种类也就越多。目前，间接融资大体上可以分为：抵押贷款、担保贷款、买方贷款、项目开发贷款、出口创汇贷款、票据贴现贷款等多种类型。

1. 抵押贷款

抵押贷款是指借款人以其所拥有的财产作抵押，作为获得银行贷款的担保。在抵押期间，借款人可以继续使用其用于抵押的财产。当借款人不按合同约定按时还款时，贷款人有权依照有关法规将该财产折价或者拍卖、变卖后，用所得钱款优先得到偿还。适合于创业者的有不动产抵押贷款、动产抵押贷款、无形资产抵押贷款等。

（1） 不动产抵押贷款：创业者可以土地、房屋等不动产作抵押，向银行申请并获取贷款。

（2） 动产抵押贷款：创业者可以股票、国债、企业债券等获银行承认的有价证券，以及金银珠宝首饰等动产作抵押，向银行获取贷款。

（3） 无形资产抵押贷款：是一种创新的抵押贷款形式，适用于拥有专利技术、专利产品的创业者，创业者可以专利权、著作权等无形资产向银行作抵押或质押，获取银行贷款。

2. 担保贷款

担保贷款是指借款方向银行提供符合法定条件的第三方保证人作为还款保证，借款方不能履约还款时，银行有权按约定要求保证人履行或承担清偿贷款连带责任的借款方式。其中较适合创业者的担保贷款形式有：自然人担保贷款、专业担保公司担保贷款、托管担保贷款等。

3. 买方贷款

除抵押贷款和担保贷款外，可供创业者选择的银行贷款方式还有买方贷款。如果企业产品销路很好，而企业自身资金不足，那可以要求银行按照销售合同，对产品的购买方提供贷款支持。你可以向你产品的购买方收取一定比例的预付款，以解决生产过程中的资金困难。或者由买方签发银行承兑汇票，卖方持汇票到银行贴现，这就是买方贷款。

4. 项目开发贷款

如果你的企业拥有具重大价值的科技成果转化项目，初始投入资金数额比较大，企业自有资本难以承受，你可以向银行申请项目开发贷款，银行还可以视情况，为你提供一部分流动资金贷款。此类贷款较适合高科技创业企业。

5. 出口创汇贷款

对于出口导向性企业，如果你一开始就拥有订单，那么，你可以要求银行根据你的出口合同或进口方提供的信用签证，为你的企业提供打包贷款。对有现汇账户的企业，银行还可以提供外汇抵押贷款。对有外汇收入来源的企业，可以凭结汇凭证取得人民币贷款。

6. 票据贴现贷款

指票据持有人将商业票据转让给银行，取得扣除贴现利息后的资金。在我国，商业票据主要是指银行承兑汇票和商业承兑汇票。

（二）直接融资

直接融资是指拥有暂时闲置资金的单位（包括企业、机构和个人）与资金短缺需要补充资金的单位，相互之间直接进行协议，或者在金融市场上前者购买后者发行的有价证券，将货币资金提供给所需要补充资金的单位使用，从而完成资金融通的过程。直接融资的基本特点是，拥有暂时闲置资金的单位和需要资金的单位直接进行资金融通，不经过任何中介环节。

1. 股权融资

指资金不通过金融中介机构，融资方通过出让企业股权获取融资的一种方式，大家所熟悉的通过发售企业股票获取融资只是股权融资中的一种。对于缺乏经验的创业者来说，选择股权融资这种方式，需要注意的是股权出让比例。股权出让比例过大，则可能失去对企业的控制权；股权出让比例不够，则又可能让资金提供方不满，导致融资失败，这个问题需要统筹考虑，平衡处理。

2. 债权融资

企业通过举债筹措资金，资金供给者作为债权人享有到期收回本息的融资方式。民间借贷应该算是债权融资中的一种，且是为人们所最常见的一种。

3. 内部集资

为了自身的经营资金需要，在本单位内部职工中以债券、内部股等形式筹集资金的借贷行为，是企业较为直接、较为常用、也较为迅速简便的一种融资方式，但一定要严格遵守金融监管机构的相关规定。

4. 融资租赁

一种创新的融资形式，也称金融租赁或资本性租赁，是以融通资金为目的的租赁。比如，可采取成本投入方式。

（三）其他融资方式

近年来，各级政府相继出台了一系列鼓励和支持自主创业的政策，其中包括为自主创业者提供小额担保贷款的政策。如各地人力资源和社会保障部门、民政部门、农业部门等都有创业贷款优惠政策。

第六节 创业计划书

为了能更好地做好创业工作或吸引外部资金投资，需要撰写创业计划书。一般创业计划书包括以下几方面。

一、企业、团队基本情况

企业、团队基本情况介绍，包括成员、创业理念、宗旨、目标、价值观和远景规划等，以及自有优势。

二、项目简介

简述项目背景、项目产品及业务内容、项目目标等。

三、项目内容

（一）主要产品或服务介绍

详述项目主要经营的品类及产品，从价格、质量、货源、特色等方面分析产品的竞争优势。

（二）市场分析

市场背景、发展现状分析、市场机会发现及分析、市场竞争状况分析等。可进行 SWOT 分析，即就企业优势、劣势、机会、威胁等因素进行分析。

（三）目标客户分析

说明创业项目的目标客户，并对目标客户特征进行分析。

（四）营销计划

营销目标定位、营销策略及促销策略，从方式、推广渠道、平台等方面，阐明营销推广计划。

（五）项目关键点、困难点，及解决措施

分析项目实施的关键点或困难点，及应对措施。

四、项目实施计划

包括项目进度分解、时间安排、资金安排、人员安排等。

五、投资预算和效益分析

包括创业项目的投资、资金结构及安排、财务预测以及效益分析等。

第七节 创业启动

“万事开头难”。创业者在做好前几章介绍的前期准备工作的基础上，可以说，基本上“万事俱备，只欠东风”了。

创办企业需要按照合法的程序，办理相关的合法手续，才能受到法律的保护。否则，初创企业会四处碰壁，步履维艰。

一、确定企业的名称

确定企业的名称是有规范和要求的。一般来说，有以下几点。

（1）企业法人必须使用独立的企业名称，不得在企业名称中包含另一个法人名称，包括不得包含另一个企业法人名称。

（2）企业名称应当使用符合国家规范的汉字，民族自治地区的企业名称可以同时使用本地区通用的民族文字。企业名称不得含有外国文字、汉语拼音字母、数字（不含汉字数字）。

企业名称中有下列情况的，不视为使用数字：①地名中含有数字的，如“四川”等；②固定词中含有数字的，如“四通”等；③使用序数词的，如“第一”等。

（3）企业名称不得含有有损国家利益或社会公共利益、违背社会公共道德、不符合民族和宗教习俗的内容。

（4）企业名称不得含有违反公平竞争原则、可能对公众造成误认、可能损害他人的利

益的内容。

（5）企业名称不得含有法律或行政法规禁止的内容。

（6）企业名称是企业权利和义务的载体，企业的债权、债务均体现在企业名称项下。

企业申请登记注册的企事业名称不得与其他企业变更名称未满三年的原名称相同，或者与注销登记或被吊销营业执照未满三年的企业的名称相同。

二、选择企业地址

在企业运营地点选择方面，很多欧美企业一般遵循“四最”原则：

第一，把一次性成本降到最低；

第二，把运营成本降到最低；

第三，把潜在的风险降到最低；

第四，把机会放到最大。

三、创办企业

（一）前置审批

前置审批是指在办理营业执照前需要先去审批的项目，也就是在查完公司名称后就要去有关部门审批，审批完后或取得相应的许可证后再去办理工商营业执照。如：经营食品的，先要到卫生部门办理卫生许可证，方能办理工商营业执照。

（二）注册

根据我国现行法律，个人创业的主要途径主要有：设立有限责任公司；申请登记个体工商户；设立个人独资企业；设立合伙企业，设立一元制公司。

1. 注册资金最低限额

（1） 有限责任公司。

注册有限责任公司，最低注册资本10万元人民币。

（2） 个体工商户。

注册个体工商户，对注册资金实行申报制，没有最低限额。

（3） 私营独资企业。

注册私营独资企业，对注册资金实行申报制，没有最低限额。

（4） 私营合伙企业。

注册私营合伙企业，对注册资金实行申报制，没有最低限额。合伙人可以用货币、实物、土地使用权、知识产权或者其他财产权利出资；上述出资应当是合伙人的合法财产及财产权利。

（5） 一元制公司。

注册一元制公司，注册资本可以低至1元。

2. 注册步骤

（1） 注册个体工商户、个人独资企业和设立合伙企业的步骤如下。

① 到市工商局（或当地区、县工商局）企业登记窗口咨询，领取注册登记相关表格、

资料。

② 办理名称预先核准、取得《名称预先核准通知书》。

③ 以核准的名称到银行开设临时账户，股东将入股资金划入临时账户。

④ 到有资格的会计师事务所办理验资证明。

⑤ 将备齐的注册登记资料交工商局登记窗口受理、初审。

⑥ 按约定时间到工商局领取营业执照，缴纳注册登记费。

⑦ 在相关报纸上发布公告。

（2） 注册有限公司的程序。

注册有限公司的具体步骤如下。

① 核名：到工商部门领取“企业（字号）名称预先核准申请表”，填写你准备取的公司名称，可填三个备用名，由工商局上网（工商局内部网）检索是否有重名，如果没有重名，就可以使用这个名称，第二天核发一张“企业（字号）名称预先核准通知书”。

② 租房：要有房产证或居住证。租房后要签订租房合同，并让房东提供房产证的复印件。

③ 编写“公司章程”。

④ 刻法人章。

⑤ 到会计师事务所领取“银行询征函”，联系一家会计师事务所，领取一张“银行询征函”（必须是原件，会计师事务所盖章）。

⑥ 去银行开立公司验资户。

⑦ 注册公司：携带会计师事务所出具的验资报告、公司办公所在地的房产证复印件、房屋租赁合同、股东会决议、公司章程、股东和法人身份证复印件、公司设立登记提交材料表、企业名称预先核准申请书以及不扰民保证书等相关的证件和表格到工商局办理公司注册登记手续。

⑧ 办理企业组织机构代码证和税务登记。

⑨ 申请领购发票。

⑩ 去银行开基本户。

第八节 创业风险防范

创业风险指给公司财产与潜在获利机会带来的损失的可能性，这里所说的公司财产，不仅是指那些具有实际物理形态的，如库存或设备等，同时还包括公司人力资源、技术和声誉等其他“软”因素。创业者创业之初面临的风险主要有以下几点。

（1） 营销风险。

（2） 市场风险。

（3） 财务风险。

（4） 现金风险。

（5） 技术风险。

（6） 人力风险。

（7） 外部环境风险。

（8） 不可预知的其他风险。

创业者在创业之初要有勇往直前的精神面貌，但也应理性地考虑后路与退出机制。因为任何投资都是有风险的，这是一条真理。所以在开创自己的事业之前，我们要尽量多想可能出现的坏情况与坏的方面。在想好自己的退出机制以后，集中所有的精力开创属于自己的事业。

案例

变中国小吃为西方速食的华商范岁久

丹麦有一位华裔商人名叫范岁久，他在哥本哈根开了一家大龙食品公司，专门制作和出售中国的传统小吃炸春卷，畅销欧美，风靡全球。

范岁久是怎样将中国传统小吃变成西方速食的呢？他是在20世纪50年代末混迹哥本哈根十里洋场谋求出路的。当时，他想开一家餐馆，一无资金，二无手艺，难以如愿。不过他会做故乡传统的小吃炸春卷，于是便决定开一家手工制作的炸春卷店。刚开始来光顾的都是一些旅居丹麦的华人，后来丹麦人、美国人、德国人也都经常光顾，一时销路大开。此时，范岁久想，光赚华人的钱不算本事，要千方百计赚洋人的钱。为了迎合西方人的口味，范岁久除了保持中国传统春卷制作的特色外，还细心研究德国人的口味，根据不同人种的不同口味，在春卷配料上狠下一番工夫。比如欧美人喜欢吃牛肉、火腿、鸡蛋、胡萝卜丝；非洲人喜欢吃笋丝、木耳、咖喱粉，他就在春卷内馅分别加进这些材料，迎合不同消费者的不同需求。在价格上，一般都订得比较低，实行薄利多销。

中国传统的炸春卷，经范岁久这么一改良，最受西方人的喜爱，成了西方人的中国速食，每天门庭若市，应接不暇。范岁久觉得路子现已打开，就要大干一场。于是，他将连年赚下的钱统统投入再生产，很快办起了“大龙食品厂”。采取了全新的自动化滚动机新技术，加速了出口量，大大提高了营业额。1996年，范岁久得知墨西哥举行世界杯足球赛，即闻风而动，抢占先机。他根据墨西哥人喜爱吃辣的生活习惯，大胆地将春卷的配料加进辣椒粉，制作了一大批辣春卷，投入墨西哥市场，被墨西哥的足球迷们抢购一空，轻而易举地赚回一大把一大把钞票。有一次，“大龙”春卷到德国展销，因香脆可口，受到驻德国美军赞赏，经美国食品专家化验鉴定，认为“大龙”春卷营养极佳，完全达到卫生标准，于是驻德国美军每天向他的“大龙”订购10条炸春卷。仅这一次，范岁久就赚进了100多万美元。

现在他的“大龙”炸春卷已畅销到欧、美、亚、非洲近30个国家，范岁久被称为“世界春卷大王”。鉴于他创造了惊人的业绩，对丹麦税收增加做出巨大贡献，丹麦政府多次给予表彰和奖励。

部分摘自：深圳市人力资源和社会保障局《大学生创业指导手册》。